行政处罚快速办理程序研究

毛晨宇 著

中国人民公安大学出版社
·北 京·

图书在版编目（CIP）数据

行政处罚快速办理程序研究／毛晨宇著.—北京：中国人民公安大学出版社，2024.8.—ISBN 978-7-5653-4852-5

Ⅰ.D922.114

中国国家版本馆 CIP 数据核字第 2024GL8440 号

行政处罚快速办理程序研究

毛晨宇　著

责任编辑：田林林
装帧设计：张彦
责任印制：李铁军

出版发行：中国人民公安大学出版社
地　　址：北京市西城区木樨地南里
邮政编码：100038
经　　销：新华书店
印　　刷：北京市科星印刷有限责任公司

版　　次：2024 年 8 月第 1 版
印　　次：2024 年 8 月第 1 次
印　　张：12.25
开　　本：787 毫米×1092 毫米　1/16
字　　数：180 千字

书　　号：ISBN 978-7-5653-4852-5
定　　价：48.00 元

网　　址：www.cppsup.com.cn　www.porclub.com.cn
电子邮箱：zbs@cppsup.com　zbs@cppsu.edu.cn

营销中心电话：010-83903991
读者服务部电话（门市）：010-83903257
警官读者俱乐部电话（网购、邮购）：010-83901775
公安综合分社电话：010-83901731

前　言

党的二十大报告指出，要推进国家治理体系和治理能力现代化，提升社会治理效能。快速办理程序是行政处罚普通程序的特殊办理方式，其通过改变行政方式、删减程序环节与压缩程序时限，不仅实现了行政案件繁简分流的精细化，高效配置了执法资源，而且通过限制执法机关的时间裁量权，有效地回应了当事人的时间权利诉求，是执法机关提升执法效率与治理能力的重要举措。

行政程序具有防范权力滥用、维护公民基本权利、保障合理行政等诸多重要功能，程序的简化曾一度被认为是对法治内在要求的背离，但在加速运转的当今社会，这一说法面临着挑战与调整。快速办理程序作为新兴发展的新型执法程序，对其进行系统性研究，一则可以在丰富行政处罚程序理论的同时，对快速办理程序的正当性质疑进行回应，为执法程序的研究者提供一个较新的理论视角；二则可以解决快速办理程序在实践与应用中的问题，为快速办理程序的立法与执法工作提供参考。本书尝试从理论、实践与应用三个视角聚焦快速办理程序设定的必要性、可行性以及如何构建三个问题，探析快速办理程序生成的理论逻辑与实践逻辑，并通过程序设计进一步提升程序效能与规范程序运行，为实践应用提供操作指引。

本书的出版得到了北京联合大学各级领导和应用文理学院的大力支持，谨在此表示感谢。作为一种尝试性的研究，本书难免存在诸多不足，希望读者不吝赐教。

毛晨宇

2024 年 2 月

目　录

绪　论

第一节　研究背景与研究意义

行政处罚快速办理程序（简称快办程序）是当前在治安行政处罚中普遍适用的一种特殊类型的行政处罚程序，其通过改造行政方式、降低证明标准、精简程序环节与简省文书材料实现了治安处罚的快速办理。2012年浙江省公安机关对治安案件快办程序进行试点，2018年公安部对《公安机关办理行政案件程序规定》（以下简称《程序规定》）进行修改，在吸收浙江经验的基础上，对快办程序的适用条件与加速技术进行了规范。随后，治安案件快办程序在全国推广，各地根据实际情况，出台了相应的实施细则。快办程序在试点过程中取得了良好的执法效果，不仅大幅降低了案件的复议率与诉讼率，而且使大量案件能够在当日办结。在社会时间结构普遍加速的背景之下，快办程序实现了执法资源的精准分配，回应了社会主体对时间权利的诉求，进而有效地提升了政府治理的效能。在快办程序应用于治安案件之后，其也很快在交通执法、海关执法与海上执法等领域得到应用，2021年《海警法》出台实施，将快办程序作为海上维权执法的法定程序之一。

从当前快办程序的立法实践来看，其是处于行政案件办理简易程序与普通程序之间的特殊程序形态，要在案件既有的繁简分流体系下进一步实现案件的层次化办理。而对案件进行精细化的繁简分流肇始于诉讼程序改革。随着我国法治建设的持续深入，进入司法程序的案件数量出现了爆炸式增长，据统计，相较于改革开放之初，我国法院受理案件数量的增长超过 30 倍，而审判人员数量增长仅 3 倍多，"案多人少"已经成为制约司法能力的深层次难题。[①] 在司法员额制改革以及"轻罪入刑"趋势发展的背景之下，司法资源不足与诉讼需求增加的张力在刑事诉讼领域更加凸显。2014 年全国人大授权 18 个城市开展刑事速裁程序的试点改革，自此，诉讼程序的繁简分流改革正式拉开了帷幕。最高人民法院、最高人民检察院在 2015 年公布的《关于刑事案件速裁程序试点情况的中期报告》显示，刑事速裁程序的改革成效显著、效果明显。[②] 2016 年最高人民法院发布并施行《关于进一步推进案件繁简分流优化司法资源配置的若干意见》，并指出："科学调配和高效运用审判资源，根据案件的事实繁简程度等因素，选择适用适当的审理程序，实现简案快审、繁案精审，以较小的司法成本取得较好的法律效果。"该文的发布也标志着诉讼程序的繁简分流进入全面试点阶段。2019 年在中央政法工作会议上，习近平总书记再次强调要，进一步推进诉讼程序的繁简分流改革，建立多层级的司法审判程序，"要深化诉讼制度改革，推进案件繁简分流、轻重分离、快慢分道"。[③] 快办程序的设计也在一定程度上借鉴了诉讼程序繁简分流改革的有益经验。

公安机关对快办程序的积极探索，确实取得了良好的实践效果，极大地缓解了公安机关"案多人少"的现实窘境，实现了执法资源的高效分配。在诉讼程序进一步实施繁简分流改革的背景之下，有学者径自肯定并建议构建行政处罚的快办程序，将快办程序作为行政处罚普遍予以适用的

---

① 胡仕浩，刘树德，罗灿.《关于进一步推进案件繁简分流优化司法资源配置的若干意见》的理解与适用 [J]. 人民司法（应用），2016（28）：23.

② 最高人民法院、最高人民检察院. 关于刑事案件速裁程序试点情况的中期报告 [J/OL].（2015-11-03）[2020-07-03]. http：//www. npc. gov. cn/npc/xinwen/2015-11/03/content_1949929. htm.

③ 习近平在中央政法工作会议上强调　全面深入做好新时代政法各项工作　促进社会公平正义保障人民安居乐业 [J/OL].（2019-01-17）[2020-07-03]. https：//tv. chinacourt. org/33727. html.

法定程序，以实现对行政案件精细化的繁简分流。① 但若要实现快办程序的全面适用，使之成为行政处罚的法定程序，则仍有两个基本问题需要理论予以回应。

第一，快办程序是否具有普适性？由于快办程序初期的试点工作，主要集中于公安执法，因此在其他执法领域是否需要对行政处罚程序进行加速，以及程序加速是否能够取得良好的执法效果，目前尚存疑问。虽然制度构建可以在试点之后审慎推行，但仍然需要理论事先对其合理性与可行性进行必要的论证。要回答快办程序的普适性问题，则要探寻快办程序的出现回应了哪些执法实践的需求？而这些实践需求又是否是所有执法领域面对的共性需求？如果是，则快办程序就具备了普适性的社会基础。

第二，如何构建行政处罚的快办程序？虽然快办程序没能最终写入新的《行政处罚法》，但快办程序是否入法也是《行政处罚法》修改过程中一个被讨论的热点议题。在应松年教授与全国人大法工委张晓莹处长合作的一篇文章中就指出，目前对于"简化程序应当在何种必要程度下才能简化？可以简化的是哪些程序"② 等仍是有待研究和解决的关键问题。因此，若要构建行政处罚的快办程序就必须回答程序简化的正当性问题，即快办程序在何种程度上才是一个可接受的程序？又如何构建一个可接受的快办程序？要回答上述问题，首先，要明确程序正当性的标准；其次，要以正当性标准为准绳，对快办程序的构建作出价值约束与指引；最后，以程序正当性标准构建快办程序的理想模型。

综上，本书将围绕"快办程序是否具有普适性基础"以及"如何构建快办程序的问题"进行探讨。而对上述两个问题的回答也具有一定的理论意义与实践意义。

---

① 苏艺. 论行政案件快速办理程序的构建——以《行政处罚法》的修改为契机 [J]. 行政法学研究, 2019 (05): 73-84; 李文姝. 行政案件快速办理程序构造论 [J]. 人大法律评论, 2020 (01): 174-191.

② 应松年, 张晓莹.《行政处罚法》二十四年：回望与前瞻 [J]. 国家检察官学院学报, 2020 (05): 18.

第一，对快办程序普适性基础的回答可以深入挖掘行政处罚程序加速的社会基础，探究行政处罚程序的发展趋势，为快办程序的构建筑牢法理根基。当前，快办程序只在部分执法领域予以适用，其能否成为行政处罚的法定程序并写入《行政处罚法》，关键在于其是否具有构建的必要性与必然性。而快办程序的构建是否具有必要性与必然性，则取决于当下的社会境况以及未来社会发展的趋势。之所以要通过快办程序的构建实现行政处罚案件进一步的繁简分流，是由于原有的简易程序与普通程序不再完全适应行政案件的办理需求，而办案需求的转变则是由于社会背景的变化致使速度价值在行政处罚程序中的价值权重上升，而如果程序速度价值权重的提升具有共同的社会基础，则行政处罚程序的加速就成为所有执法领域的共性需求，那么行政处罚程序的加速也就有了必然性。而如果程序加速有范围的限制，则表明不能对普通程序进行整体性的改造，即需要构建处于简易程序与普通程序之间的快办程序使行政案件进一步繁简分流，其也说明行政处罚快办程序的构建具有必要性。因此，回答快办程序是否具有普适性基础的问题能够为行政处罚程序的构建与入法提供坚实的理论根基，是行政处罚快办程序构建的重要前提。更进一步来说，如果程序速度价值权重的提升具有共同的社会基础，则不仅行政处罚程序具有加速的共性需求，行政程序也可能出现整体性的加速，即程序加速具有共同的法理基础。因此，对快办程序加速普适性基础的探究同样对行政程序发展趋势的理论探究具有一定意义。

第二，对程序正当性的标准问题的研究能够重新评估速度对程序正当性的影响。行政程序的正当性是行政法学研究的一个热点议题，对效率与公正的价值权衡也并不鲜见，但快办程序的出现则表明程序正当性的标准也许有了新的调整。即如果速度价值权重的升高具有了一定的社会基础，则速度也会成为行政处罚程序正当性评价中一个越发重要的变量或指标。根据已有的研究，行政程序存在内在正当性与工具正当性两个重要标准。如果速度的价值权重提升，则时间就成为重要的资源，对其的合理分配会影响程序的内在正当性，而程序所需的时间投入会影响程序的工具正当性。因此，当社会发生变化，对快办程序正当性的评价，抑或对程序正当性标准的反思具有积极意义。

第三，对如何构建快办程序问题的回答不仅能够对行政处罚程序的构建提供理论标准，而且能够为快办程序入法提供有益建议。从当前的立法实践来看，虽然快办程序有主要参考的制度样本，但各地的规范性文件与实践操作都存在差异。比如，如何认定案件事实清楚、如何认定认错认罚，以及如何认定牵涉利益大小等问题，各地规范都不一致。因此，有必要在理论上对实践的制度样本进行统一的规范与完善，以使快办程序的构建符合理性，并最终实现程序正当性的最优化。故而，提出快办程序构建的正当性标准以及理想模型可以为规范现有的制度实践以及快办程序的入法提供有益的建议。

本书的研究对象是快办程序。从《程序规定》的制度内容来看，快办程序是公安机关在适用普通程序办理行政案件时的一个特殊处理，其通过简化取证方式和审核审批手续等措施来加快案件的办理速度。尽管《程序规定》所确立的程序框架是当前快办程序立法的主要参照，但无论是《海警法》对快办程序的设定，还是规范性文件对《程序规定》的细化，都对《程序规定》的内容有一定的突破与创新，加之一些新的执法领域正在对快办程序进行探索，因此依据《程序规定》对快办程序的定义无法全面概括快办程序的实践内容。本书所要研究的快办程序是一种对案件进行繁简分流的机制，其相较于普通程序简易，相较于简易程序复杂。虽然简化取证方式和审核审批手续是实现程序简化的主要方式，但其可以进行的简化不止于上述两个方面。基于此，本书所研究的快办程序具有以下四个基本特征：

第一，本书所研究的快办程序并不局限于某一特定的制度形态。首先，规范性文件对快办程序的规定并不完全相同。各地出台的规范性文件并非完全对《程序规定》的细化，其还有对快办程序内容的创新。比如，烟台市公安机关将快办程序与办案 App 相结合，对行政方式进行了大幅改造，还有地方公安机关对办案区与办案场所进行了创新设计。其次，快办程序还处于发展与完善的过程之中，在这一过程之中，也可能会出现新的程序改造方式。因此，本书对快办程序的界定不局限于《程序规定》的内容或某一特定的制度样态。

第二，本书所研究的快办程序是介于普通程序与简易程序之间的独立程序。制度定位是快办程序与行政处罚其他程序之间的关系。按照快办程序的现有立法，其并非独立的行政处罚程序，而仅是行政处罚普通程序的特殊处理方式。① 即快办程序相对于简易程序是独立的，而相对于普通程序则是关联的。快办程序与普通程序的关联性首先在于其以普通程序作为程序简化的改造对象；其次在于其仍然要遵守《行政处罚法》对普通程序的规定。快办程序之所以没能取得独立的程序地位，是由于对快办程序的现有立法层级较低，其不能突破《行政处罚法》，因此，快办程序的设置只能在《行政处罚法》的规定之下进行。尽管立法本意是将快办程序作为普通程序的特殊形态，但由于立法实践对《行政处罚法》普通程序规定的突破，快办程序的实践因此具有了相对的独立性。从《程序规定》对快办程序的立法状况来看，快办程序不仅降低了行政处罚普通程序的证明标准，而且缩小了法制审核的范围。虽然，现有制度将快办程序定位于普通程序的特殊形态，而不是将其设定为一个独立的程序制度，但本书认为快办程序在发展过程中会独立于普通程序单独存在，其一是由于行政案件繁简分流要求快办程序能够突破普通程序的规定，具有更多的立法灵活性，而不仅仅是在现有制度下挖掘普通程序的"加速潜能"；其二是由于快办程序的受案范围有限，不宜实施对简易程序与普通程序的全面改造。本书将在第一章对此内容进行具体论述。

第三，在受案范围的设定上，快办程序适用于原本适用普通程序的事实相对清楚的案件。快办程序的功能是实现案件的繁简分流，进而精确地配置执法资源，因此快办程序的受案范围是将适用普通程序的一部分事实相对清楚的案件分流出来，使用相对简化与经济的程序予以办理。

---

① 孙茂利. 公安机关办理行政案件程序规定：释义与实务指南（2019 年版）［M］. 北京：中国人民公安大学出版社，2019：81.

第四，快办程序是一个实现案件快速办理的程序。案件的繁简分流，意味着程序繁简程度的不同，对于复杂的案件应当使用审慎精细的程序办理，对于简单案件应当使用简易快速的程序办理。因此，本书所研究的快办程序是对普通程序进行快捷化改造的程序，当前快办程序使用了简化取证方式、减少审批审核流程、精简法律文书、降低证明标准、限定办案时限等方式实现案件的快速办理。

为更加清楚地区分快办程序、简易程序与普通程序，笔者制作了表绪-1与表绪-2对其予以说明。

表绪-1　治安案件普通程序、简易程序、快速办理程序适用范围对照表

程序名称		受案范围	适用要求
简易程序		违法事实确凿，且具有下列情形之一的： （一）对违反治安管理行为人或者道路交通违法行为人处二百元以下罚款或者警告的； （二）出入境边防检查机关对违反出境入境管理行为人处五百元以下罚款或者警告的； （三）对有其他违法行为的个人处五十元以下罚款或者警告、对单位处一千元以下罚款或者警告的； （四）法律规定可以当场处罚的其他情形。 涉及卖淫、嫖娼、赌博、毒品的案件，不适用当场处罚	无须当事人同意
普通程序	快办程序	不适用简易程序，但事实清楚，违法嫌疑人自愿认错认罚，且对违法事实和法律适用没有异议的行政案件。 行政案件具有下列情形之一的，不适用快速办理： （一）违法嫌疑人系盲、聋、哑人，未成年人或者疑似精神病人的； （二）依法应当适用听证程序的； （三）可能作出十日以上行政拘留决定的； （四）其他不宜快速办理的	应书面告知违法嫌疑人快办程序的相关规定，征得其同意
	普通程序	不适用简易程序与快办程序的其他案件	无须当事人同意

表绪-2　治安案件普通程序、简易程序、快速办理程序程序要求对照表

程序名称		证明标准	行政方式	审核、审批	特殊量罚机制	办案时限
简易程序		优势证据	（一）可以采取拍照、录像或者制作现场笔录等简易方式固定证据；（二）口头告知违法行为人拟作出行政处罚决定的事实、理由和依据	无须法制部门审核；无须公安机关负责人审批	无	当场作出行政处罚决定
普通程序	快办程序	关键证据相互印证	（一）使用简明扼要的格式询问笔录或使用执法记录仪等设备对询问过程录音、录像；（二）采用口头方式履行行政处罚前告知程序	只需办案部门法制员或负责人审核，无须法制部门审核	根据违法行为人认错悔改、纠正违法行为、赔偿损失以及被侵害人谅解情况等情节，依法对违法行为人从轻、减轻或不予行政处罚	到案后48小时内办结案件
	普通程序	全面收集、调取证据材料	应采用书面形式制作笔录与告知	办案部门法制员、负责人审核；法制部门审核；公安机关负责人审批	无	自受理之日起不超过30日；案情重大复杂的，经上一级公安机关批准可以延长30日

第二节　研究综述

"法与时转则治，治与世宜则有功"（《韩非子·心度》）。快办程序之所以能够取得良好的执法效果，并得到执法部门以及当事人的认可，其必然是对现实的执法问题以及治理需求有所回应。因此，现有文献对

快办程序出现原因的分析多集中于快办程序所直接解决的实际问题，而公安机关"案多人少"的现实境况则被认为是快办程序出现的核心原因。

苏艺认为，由于行政处罚简易程序的适用范围有限，因此并没有对治安案件实现充分的繁简分流，大量事实清楚的简易案件仍需适用普通程序进行办理。而由于普通程序对程序充分性的要求，使得案件办理的成本与收益并不匹配，最终不仅导致案件办理事倍功半，而且造成了警力的无故消耗。① 嘉兴市公安局党委副书记、常务副局长姚钰明表示，"随着社会管理任务的不断增加，基层公安机关办案部门警力普遍不足、案多人少矛盾不断加剧"。② 在公安机关本就"任务过载"的情况之下，有限的警力并不足以应对数量大、种类多且程序繁复的案件办理工作。③ 有学者指出，实践中公安机关为了减轻行政负担、快速解决矛盾纠纷，经常会冒着程序违法的风险，以不合法的方式结案或调解。④ 有学者在对消防执法的研究中也发现了类似问题，指出一个消防行政处罚程序往往需要一周以上的时间才能完成，由于执法人员的数量与精力有限，根本无法查处所有违法行为，大量案件不能得到及时处理。⑤ 可见，帮助执法部门减轻程序负担、加快案件办理，成为行政处罚程序加速的重要原因。除了"案多人少"这一核心原因，也有学者观察到了行政处罚程序加速原因的另外一个面向，即当事人对程序速度的需求。有学者指出，效率是实现公正的必备要素，⑥ 过于冗长的处罚程序使当事人长期处于法律状态不确定的境况之下，其期

---

① 苏艺. 论行政案件快速办理程序的构建——以《行政处罚法》的修改为契机 [J]. 行政法学研究，2019 (05)：75.

② 姚钰明. 关于大力推进行政案件快速办理机制建设 为基层减负增效的思考 [N]. 嘉兴日报，2019-09-01 (003).

③ 孙子佳，苏咸瑞. 行政案件快速办理的践与思 [J]. 行政与法，2020 (01)：104.

④ 何超. 浅议公安机关办理行政案件的快速办理程序 [J]. 辽宁警察学院学报，2020, 22 (05)：45.

⑤ 牛仁敬. 关于消防行政处罚快速办理模式的探索 [J]. 今日消防，2021 (04)：138.

⑥ 姚钰明. 关于大力推进行政案件快速办理机制建设 为基层减负增效的思考 [N]. 嘉兴日报，2019-09-01 (003).

盼的公正迟迟不能到来。①

对于行政案件繁简分流的讨论并不止于对快办程序的研究，在关于行政程序的简化以及行政效能原则等问题的讨论中，也有对行政处罚程序进行简化的相关论述。张淑芳教授在其文章中指出，简易程序有四种重要的价值，其一是能够控制行政程序的成本；其二是能够缩短程序的过程；其三是拓宽行政机关的裁量权；其四是使行政相对人信服行政权威。简易程序之所以具有使行政相对人信服的权威，一则是由于简易程序能够使行政机关快速有效地处置社会事态，二则是由于简易程序往往能够缓解执法机关与当事人之间的对立。② 有学者在论及行政法的便宜原则时认为，在执法资源有限的情形下，执法方式的选取要实现效用的最大化，而采用便宜原则简化执法程序不仅可以促进资源的优化配置，而且可以避免机械执法带来的行政处罚决定的不可接受性。③ 有学者认为行政法的效率原则是要以最小的实施成本换取行政主体与行政相对人活动成果的最大化。而效率原则就要求在行政程序中引入简易程序，以实现过程与步骤的紧凑，进而实现程序的迅速便利。④ 沈岿教授在效率原则的基础上提出行政效能原则的构建，认为效能原则较之效率原则，除了关注收益的最优化之外，同样关注收益的正当化，即在制度构建时要实现制度构建收益的最优化，但这种收益不能违背人类遵循的基本价值。对于执法手段来说，收益的最优化即以最小的成本实现法律规范的目的。⑤

相较于对行政处罚案件繁简分流的研究，在司法体制改革的大背景下，学者们对司法案件繁简分流的关注更为充分。现有研究将诉讼程序繁简分流的原因主要归于三点：一是对诉讼成本与诉讼资源的考量；二是对整体正义的关注；三是对当事人多元利益需求的回应。学者们普遍观察

---

① 苏艺. 论行政案件快速办理程序的构建——以《行政处罚法》的修改为契机[J]. 行政法学研究，2019（05）：75.

② 张淑芳. 论行政简易程序 [J]. 华东政法大学学报，2010（02）：21-23.

③ 罗许生. 论行政法的便宜原则 [J]. 福建行政学院学报，2016（01）：36.

④ 王成栋. 论行政法的效率原则 [J]. 行政法学研究，2006（02）：26.

⑤ 沈岿. 论行政法上的效能原则 [J]. 清华法学，2019（04）：18-19.

到，司法案件的激增是促进诉讼程序繁简分流改革的直接原因。根据学者的观察，我国法院受理案件数量的增长超过 30 倍，而审判人员数量增长仅 3 倍多，"案多人少"已经成为制约司法能力的深层次难题。① 如果所有案件都均等使用充分的诉讼程序，则势必造成司法资源的浪费。② 因此，就要考量公共资源分配的实际成本与收益，如果为了实现感受上的"公正"，而不考虑公正的成本，则这种公正的实现是想象中的而并非符合理性的。③ 之所以要考虑司法资源投入的成本与收益，并非对公正的忽视，相反是基于整体公正的考虑。衡量一国司法水平的一个重要标准是每个人都能得到平等的救济，而非仅将资源投入部分案件。如果不能有效配置司法资源，案件超出审限、案件积压等问题就会出现，大量案件不能得到及时的司法处置。因此有学者提出整体正义最大化是诉讼程序繁简分流的一个重要原因。④ 除此之外，当事人还要为参与诉讼支付一定的诉讼成本，最高人民法院李少平指出，当事人在不同的诉讼程序中有不同的利益诉求，在复杂案件中，当事人愿意为了真相支付高额的诉讼成本，而对于简单案件，当事人更希望快速、便捷地结案。⑤ 如果案件的诉讼成本过高，那么部分当事人就可能因为资源有限，而无法诉讼于司法，这实际侵害了每个当事人平等接近正义的权利。⑥ 因此，有学者指出，诉讼程序的繁简分流，满足了当事人多元化的司法需求。⑦

————————

　① 胡仕浩，刘树德，罗灿.《关于进一步推进案件繁简分流优化司法资源配置的若干意见》的理解与适用 ［J］. 人民司法（应用），2016（28）：23.

　② 陈卫东，李洪江. 正当程序的简易化与简易程序的正当化 ［J］. 法学研究，1998（02）：107.

　③ 傅郁林. 繁简分流与程序保障 ［J］. 法学研究，2003（01）：57.

　④ 毛立华. 程序类型化理论：简易程序设置的理论根源 ［J］. 法学家，2008（01）：142.

　⑤ 李少平.《最高人民法院关于进一步推进案件繁简分流优化司法资源配置的若干意见》读本 ［M］. 北京：人民法院出版社，2016：3.

　⑥ 马登科. 论民事简易程序的基本法理 ［J］. 西南民族大学学报（人文社科版），2006（01）：117.

　⑦ 邵新. 司法体制改革背景下繁简分流的法理论证 ［J］. 法治现代化研究，2018（04）：124.

　　快办程序之所以能够缓解执法资源有限与执法任务过载的张力，以及解决执法程序拖延的现实问题，是由于其相较于行政处罚的普通程序，具有独特的程序优势。现有文献从不同的认识视角出发，对快办程序的程序优势进行了归纳。

　　第一，快办程序丰富了处罚机关实现公共目标的工具和能力。李文姝认为，快办程序在发挥对行政处罚权的规范作用的同时，也实现了程序的灵活性与情景化，并通过灵活与情景化的程序设计满足了公共行政目标多元化的需要。[①] 依法行政固然是行政法治的基本原则，其本意是为了保障行政权力规范运行，使之严格处于议会政治的控制之下。然而，严格的形式主义法治却在运转过程中产生了公共管理危机，组织膨胀、运行僵化等问题不仅使行政权的运行效能低下，行政资源被浪费；而且造成了权力运行回应性差，公民的主体地位缺失等权力的异化现象。因此，严格的法定主义已经受到了挑战。行政权力的运行不仅要考量法本身，更要对公共利益与社会正义进行关注。[②] 快办程序正是通过程序的简易化以及可选择化实现了程序在不同场景运用的灵活性与适配性，使之能够对多元化的公共需求进行有效回应。而快办程序在程序选择上的合意性也使当事人感受到了权力对自身的尊重以及权力对自身利益实现与保护的积极。[③]

　　第二，快办程序提升了普通程序的效能。在执法资源相对有限的情形下，整合执法资源，减少资源的直接投入，使相应执法活动尽可能地符合效益最大化和资源节约的要求，[④] 能够有效解决"案多人少"的现实问题。有学者认为，对难易程度不同的案件实现繁简分流，并在程序要素的具体安排上有所区别，有利于优化行政资源的配置，并以尽可能少的成本实现

　　① 李文姝. 行政案件快速办理程序构造论［J］. 人大法律评论，2020（01）：175.
　　② 苏艺. 论行政案件快速办理程序的构建——以《行政处罚法》的修改为契机［J］. 行政法学研究，2019（05）：80.
　　③ 苏秋月，李春华. 行政案件快速办理程序在实践中的应用与反思——以"速裁App"的推广使用为切入点［J］. 贵州警察学院学报，2019（06）：96.
　　④ 刘翼. 治安案件快速办理机制探析［J］. 湖南警察学院学报，2019（05）：77.

行政处罚的价值目标。① 开放的形式法治，赋予了行政执法机关更多的行政裁量权，执法机关可以在具体的情境中对执法的成本与收益进行衡量，并基于成本与收益的衡量决定执法方式与执法手段的使用。行政处罚的快办程序通过对程序的简化，使案件办理需要投入的资源减少，程序的直接成本降低，而快办程序通过适用范围的取舍与回转机制的设计，又对程序的失误成本进行了合理的控制。② 因此，快办程序在事实清楚且当事人认错认罚的案件中表现出了更优异的程序效能。程序效能的良好表现，不仅实现了执法资源的精准配置，而且及时有效地化解了行政纠纷。

诚然，快办程序在一些方面满足了行政处罚实践工作的现实需求，但其作为新生产物，在价值权衡以及制度设计中难免具有非理性的面向。因此，学者们在肯定快办程序优势的同时，也表现出了对快办程序可能带来的风险与问题的担忧。

第一，关于效率与公正价值冲突的担忧。在诸多的程序理论中，效率虽然被视为公正的一个重要面向，但其往往也会成为与公正相矛盾的价值追求。首先，快办程序的简化可能削弱对当事人权利的保护。如有些学者所言，制度对效率价值的追求可能废弃人类的某些基本价值，③ 诸如战国时期推崇的战时法治，就在某种程度上因为效率牺牲了对人的尊严的基本尊重。快办程序在构建过程中同样面临忽视当事人合法权利的可能，有学者担忧，如果快办程序的简化使当事人的知情权等程序权利不能得到相应的保障，那么快办程序便不是一个可接受的程序，其是对公正最根本的背离。④ 还有学者指出，执法部门在公众法治意识不强的情况下，可能对快办程序违法适用甚至在执法过程中扭曲程序意图，"为快而快"侵害当事人的合法权益。⑤ 可见，快办程序是否侵害了当事人的合法权益，以及如

---

① 王理. 公安行政案件快速办理刍议 [J]. 北京警察学院学报，2020（06）：16.
② 李文姝. 行政案件快速办理程序构造论 [J]. 人大法律评论，2020（01）：178.
③ 沈岿. 论行政法上的效能原则 [J]. 清华法学，2019（04）：18.
④ 刘翼. 治安案件快速办理机制探析 [J]. 湖南警察学院学报，2019（05）：78.
⑤ 柴龙，宋晓辉，齐晓亮.《公安机关办理行政案件程序规定》修改决定的"快速办理"理解与适用分析 [J]. 河南司法警官职业学院学报，2020（03）：90.

何避免侵害后果的发生，是行政处罚程序在加速过程中需要关注并回答的重要问题。其次，快办程序可能导致法律的错误适用。降低证明标准是快办程序的加速技术之一，而证明标准的降低则可能导致案件的错误办理与法律的错误适用，进而由于行政权力运行的无效导致公共利益的受损。有学者指出，如果不对案件进行充分细致的调查，又如何知晓案件事实清楚的标准呢，在此标准不清晰的情形下，办案程序正当与法律适用准确则无从谈起。① 因此，有学者直言，降低证明标准是一把双刃剑，公安机关如何在快速办理过程中仍然能够保障案件办理的合法性与有效性是必须注意的问题。②

第二，对快办程序适用过程中具体问题的发现。在快办程序的构建与适用中，学者除对价值权衡问题进行了讨论，也对程序在实践中面临的具体的制度问题进行了考察。首先，案件事实清楚与简单的标准不明确。案件事实清楚是快办程序适用的基础条件，但在关于快办程序的法律规范中，却不存在事实清楚的具体标准。因此有学者认为事实清楚标准的不明确不仅赋予了执法人员很大的程序适用裁量权，而且由于对事实清楚的判断发生在案件调查前，因此执法人员裁量权的适用很可能是盲目的。③ 其次，作为主要证据的试听资料易出现制作不规范以及孤证定案的问题。在快办程序中，试听资料是当事人陈述以及案件事实的主要记录形式，其往往扮演着关键证据的重要角色。然而，在执法民警不能熟练使用录音、录像方式制作询问笔录的情形下，其可能存在制作不规范且无法让当事人进行核实的问题。④ 在试听资料作为与违法嫌疑人陈述相互印证的证据时，

① 严锋.快速办理：简约而不简单——适用快速办理应该注意的问题 [J].派出所工作，2019（02）：28.

② 王理.公安行政案件快速办理刍议 [J].北京警察学院学报，2020（06）：17.

③ 孙子佳，苏咸瑞.行政案件快速办理的践与思 [J].行政与法，2020（01）：106.

④ 苏秋月，李春华.行政案件快速办理程序在实践中的应用与反思——以"速裁 App"的推广使用为切入点 [J].贵州警察学院学报，2019（06）：96.

还存在不满足印证要求，即但凭试听资料就予以定案的风险。^① 最后，快办程序存在合法性风险。由于快办程序源自地方创新，并且设定快办程序规范的位阶较低，因此其可能存在与上位法不一致以及与行政诉讼和复议不衔接的问题。有学者就指出，证明标准的降低以及取证方式的简化可能会使证明材料不足或者证据的证明力降低，进而使执法机关作出的行政处罚决定证据不足或程序违法。^②

快办程序作为一项制度创新，虽然在治安处罚领域表现出了良好的制度特点，并得到了广泛地应用，但其无论是在价值层面还是在实践表现上都存在继续讨论与完善的空间。因此，快办程序若意图成为一项行政处罚的普适程序，则必然要根据执法实践的发展以及适用过程中所暴露的问题继续调整与完善程序设计。而现有文献也多将研究的重点内容集中于快办程序构建与完善的对策上。

第一，快办程序在追求效率的同时应当坚持"最低限度公正"。如何处理效率与公正的关系是快办程序构建必须解决的元问题，如果在理论上不能将这一价值矛盾梳理清楚，则程序建构就会面临正当性危机。现有研究均认为，快办程序不能因对程序效率的追求而牺牲"最低限度公正"，即快办程序的构建应当具备表达意见、说明理由以及避免偏私等最基本的程序的公正要素。^③

第二，违法性质以及案情的复杂程度是快办程序适用范围构建考量的主要因素。"事实清楚"是快办程序适用条件的法律表述，但事实清楚的标准并不明确。有学者认为，关于适用范围的考量，仅有"事实清楚"的标准是不够的，快办程序的适用既应当考虑违法行为的性质，也应当考虑

---

① 严锋．快速办理：简约而不简单——适用快速办理应该注意的问题［J］．派出所工作，2019（02）：28．

② 郭景晖，李文姝．公安机关行政案件快速办理程序实证研究［J］．河北公安警察职业学院学报，2021（03）：67．

③ 苏艺．论行政案件快速办理程序的构建——以《行政处罚法》的修改为契机［J］．行政法学研究，2019（05）：81．

案件的复杂程度。① 有学者认为快办程序的适用在案件的事实层面应当无矛盾，且不存在疑问，而在违法行为的情节上，应当以 10 日拘留为快办程序适用的界限。②

第三，快办程序应设置独立的证明标准。按照《行政处罚法》的规定，"全面收集案件证据"是行政处罚的法定证明标准，该标准要求不得事先对有关联性的证据进行排除，③ 定案证据应当对案件的证明达到确实充分。实践表明，全面收集证据的标准会造成行政资源的大量浪费，并使案件久拖不决。因此，基于行政效率的考量，该标准并没有被执法机关完全采纳，执法机关往往根据案件情节的不同而选择不同的证明标准。有学者认为，作为提升办案效率的快办程序，应当设立自己独立的证明标准，即关键证据相互印证的标准，并通过印证规则保障效率与准确的平衡。④但也有学者认为，快办程序虽然减少了收集证据的数量，但仍然要求关键证据能够对违法嫌疑人陈述作全面印证，因此其证明标准并未降低。⑤

第四，快办程序应当注重当事人权利的保护。当事人权利的保护是程序公正的重要面向，快办程序若要实现"最低限度的公正"，则其就应当对当事人的程序权利予以有效的保护。首先，程序适用前的权利义务告知是当事人权利保护的重要机制，其可以使当事人理解程序内容，知晓程序后果，并慎重地作出是否认错认罚的决定；⑥ 其次，要保障当事人在普通

———————————

① 刘翼．治安案件快速办理机制探析［J］．湖南警察学院学报，2019，31（05）：78-79．

② 梁桂英．公安机关快速办理行政案件若干问题法律解析［J］．山西警察学院学报，2020（02）：57-58．

③ 宋华琳．行政调查程序的法治建构［J］．吉林大学社会科学学报，2019（03）：143．

④ 李文姝．行政案件快速办理程序构造论［J］．人大法律评论，2020（01）：186-187．

⑤ 梁桂英．公安机关快速办理行政案件若干问题法律解析［J］．山西警察学院学报，2020（02）：59-60．

⑥ 苏艺．论行政案件快速办理程序的构建——以《行政处罚法》的修改为契机［J］．行政法学研究，2019（05）：82．

程序中所具有的程序权利，如申请回避、陈述与申辩的权利等；① 最后，应当建立程序回转机制，保障当事人对程序适用的充分选择权，即若当事人对认错认罚予以反悔，则其可以重新选择普通程序办理案件。②

现有文献对快办程序的讨论，不仅为快办程序的研究提供了诸多的思考角度，而且对理解快办程序的规范、理念、发展等都有一定的启发。当然，随着快办程序适用的不断普及，学者们对快办程序的制度理解不断加深，一些新的问题也逐渐进入了研究视野，在研究上述四个重要议题之余，学者们也对程序的统一适用、制度衔接等快办程序在构建和适用中的其他问题进行了讨论。虽然总体来看，快办程序的研究在不断深入，议题范围也在不断扩大，但现有研究也存在关注实践多而关注理论少、整体研究多而专项研究少的问题。

第一，对于快办程序出现原因的研究，过分关注了微观层面，而忽视了社会发展的大背景。执法资源有限与任务数量过载之间的张力是长期困扰公安机关的问题，在警力不足的情形下，大量案件不能得到依法处置，甚至被长期搁置，最后只能不了了之。对治安行政处罚程序的加速，可以使有限的警力在有限的时间内被更高效地使用，从而缓解执法资源有限与任务数量过载之间的张力。但这仅仅是快办程序的原因之一，而非全部。如果对行政程序进行更全面的考察，不难发现，不止行政处罚程序在精简加速，其他领域行政程序速度的提升更加明显，以国务院《优化营商环境条例》为例，其要求缩短市场主体办理注销程序的时间、政务服务事项办理的时间、市场主体的办税时间以及不动产登记的时间。若再对近年来各地开展的"放管服"改革实践加以观察，如网上秒批、并联审批、告知承诺制等程序改革无不是对程序速度的大幅提升。面对行政程序的普遍加速，笔者不禁要问，处罚程序的加速是否与其他行政程序的加速有所联系？其是否具有统一的变革原因与变革背景？对行政法便宜原则与效能原

① 梁桂英. 公安机关快速办理行政案件若干问题法律解析［J］. 山西警察学院学报，2020（02）：60.

② 王理. 公安行政案件快速办理刍议［J］. 北京警察学院学报，2020（06）：17.

则进行讨论的文章似乎对上述问题进行了回答，公共管理资源的有限性与公共管理活动的扩张，使资源的高效利用具有了合理性。

然而，研究诉讼程序繁简分流的文献进一步表明，程序的繁简分流，不只有节约资源一个面向，其还有内在的公正面向，即满足当事人对正义的多元需求。虽然司法程序与行政处罚程序都以公正为基本的追求，但司法程序与行政处罚程序在具体的功能与程序安排上并不相同，因此司法程序繁简分流的法理基础也许在行政程序中并不适用。首先，平等地接近正义是保障所有当事人都有获得司法救济的权利。然而，行政处罚程序中的当事人作为被处罚者，适用处罚程序并不是实现其权利救济的方式，因此当不存在被侵害的当事人时，平等接近正义的理由便难以成立。其次，对当事人的多元化需求的满足。在民事诉讼中，当事人确实存在参与行政处罚程序的成本，当参与成本过高时，其可能不愿诉诸司法程序。但在刑事诉讼中，当事人就失去了是否诉诸刑事程序的选择权，加之刑罚的严厉性，其对司法的诉求也相对单一，即获取公正的审判。而行政处罚程序显然与两者皆不相同，受到行政处罚的当事人既不能选择是否进入行政处罚程序，也会因行政处罚的相对轻微性，在公正与其他价值之间有更多的权衡空间。综上，至少可以表明，在"案多人少"的原因之外，还有其他快办程序出现原因的竞争性解释，而现有文献并没有对其他竞争性解释进行充分的研究与讨论。但执法机关公共管理的需要与当事人多元化的诉求这两个角度为上述问题的进一步研究提供了有益的视角。

第二，现有研究过分关注程序构建的实践层面，而缺少对快办程序构建的整体性理论研究。快办程序在构建和适用中的问题与完善是学者在研究中必定会关注的议题，现有研究也从不同层面和不同角度对快办程序的构建提出了建议。然而，若要理性地解决程序在实践中的问题，则不仅要从问题本身反思程序，还要从程序理论看待实践问题。如果行政案件的繁简分流在回应现实问题的过程中打破了行政处罚普通程序的价值平衡，则必然要对新的价值权衡进行讨论与规范，以使快办程序具有可接受性。因此，如果不预设合理的价值前提，而只讨论快办程序的实践问题，则难免以普通程序的价值标准衡量快办程序的实践样态，致使快办程序的构建陷入价值的矛盾与程序的冲突。以快办程序采用的证明标准为例，若质疑快办程序采用的证明标准将导致案件错办的概率升高，而主张应当沿用确实充分的证明标准，显然问题解决的方案与快办程序的价值取向出现了偏差。因此，无论是解决快办程序的问题还是对快办程序予以构建，其首要的问题是对快办程序所要实现的价值作出科学的权衡，并讨论快办程序受案范围与加速技术等程序内容对程序可接受性的影响，再最终将程序可接受性作为"因变量"对程序的理想模型与框架进行设计。质言之，快办程序的构建方案需依托快办程序构建的整体性理论。然而，现有研究对程序整体理论的构建处于空白状态，虽然有些文献涉及了公正与效率的权衡问题，但也仅将其作为程序理念的一种变化，而并没有构建一套程序速度、效率与公正的关系理论。换句话说，仅仅指出快办程序是兼顾公正与效率的程序是不足以为程序构建提供支撑的，其还要回答更为具体与更为复杂的价值问题，诸如速度因何会被认为是程序公正的重要面向，其在程序价值的诸多谱系中处于何种地位，又如何影响了受案范围的选择以及加速技术的选取，等等。在缺少整体性理论的前提下，缺失了快办程序理论研究的必要分析框架，因此现有研究多呈现出泛而不精的问题，既不能在统一的框架下对快办程序中的某一具体问题进行多角度的充分展开，也无法从纷繁多变的制度创新中充分吸收营养反哺理论。

第三节　研究框架

如上所述，在快办程序试点与实践过程中，取得了非常良好的执法效果，根据烟台市公安局统计，全市适用快办程序的案件中有三分之一至二分之一的案件可在 30 分钟内办结；根据嘉兴市公安局统计，2018 年适用快办程序的案件实现了零复议与零诉讼。可见，快办程序一方面提升了案件的办理效率，缓解了公安机关"案多人少"的矛盾，另一方面提升了当事人对案件办理的满意度，有效降低了诉讼率与复议率。在既有对行政法治的研究中，程序被认为是法治发展的一颗恒星，而行政程序更是限制公权、保护私权的有效工具。法国政治思想家贡斯当指出，"程序构成了一道安全屏障，省略程序就是削弱或撤除这道安全屏障，因此，本身也是一种刑罚"。那么为什么快办程序能够在简化与省略程序的同时，还能取得如此良好的执法效果呢？在观察到快办程序适用范围逐渐扩大的趋势之后，本书假设快办程序能够在实践中得到执法部门与当事人的"青睐"，其一定是回应了执法部门与当事人的诉求，而这种诉求的回应一定符合社会与法治发展的客观规律。因此，本书首先将原初的问题聚焦到了一个更具体的问题上，即快办程序的构建是否是必要的？如果快办程序是必要的，那么也并非所有快办程序的构建都能实现良好的执法效果。换句话说，如果一个快办程序不能被合理地构建，那么也不会兑现其在理论上所允诺的必要性。所以，本书进而聚焦到了第二个问题，即如何构建一个快办程序才能取得应当实现的良好执法效果，或更好的执法效果。

故而，本书将围绕三个问题予以展开，其一是行政处罚快办程序的构建是否具有必要性与必然性？其二是在《行政处罚法》中构建快办程序是否具有可行性？其三是如何构建行政处罚的快办程序？本书将分三部分，共六个章节对上述三个问题予以回答。

第一章即本书的第一部分内容，主要回答行政处罚快办程序构建的必然性与必要性问题。快办程序的主要功能是对行政案件进行繁简分流，进而实现对事实清楚案件的快速办理。之所以要对案件实施繁简分流，主要是由于社会时间结构的持续加速为政府治理带来了挑战，其一，社会加速使不确定性快速增长，要求政府治理能够在资源有限的情形下提高治理资源的利用效率，以便对越来越多的不确定性予以有效控制；其二，社会加速使时间成为重要的基础性资源，公民对时间的权利诉求增多，要求政府在治理过程中能够积极回应与保护公民的时间权利诉求。而对行政案件的繁简分流，一方面可以使行政资源得到进一步的优化配置，使执法机关能够在重大案件中有充分的资源投入；另一方面可以减轻当事人的程序负担，使其尽快恢复稳定的法律状态。因此，快办程序作为行政案件繁简分流的机制具有创设的必要性。又由于繁简分流的目的是实现资源的精准配置，因此，无论是对简易程序还是对普通程序的改革都无法使资源配置的精准性提升，故而只能构建第三类程序以满足不同案件对资源的需求。因此，快办程序的构建具有必然性。

第二章是本书的第二部分内容，主要回答的是快办程序构建的可行性问题。政府治理现代化是依法而治，将快办程序设定为行政处罚的法定程序，更有利于规范快办程序的应用以及充分发挥快办程序的制度效能。从制度实践来看，公安机关"案多人少"的现实窘境为快办程序创设提供了最直接的现实需求。而行政处罚程序的加速有赖于管理技术的提升，科技的应用为管理技术的提升创造了基础性的条件，一方面缩短了单个程序步骤的时间，另一方面丰富了权力监督与控制的渠道。在具有了技术支持与现实需求的基础上，各地公安机关开始对快办程序进行试点，各地的实践创新不仅为程序构建提供了丰富的制度参考，而且检验了快办程序的实际效果。尽管快办程序取得了良好的适用效果，但由于其立法位阶较低，因此其加速潜能将受到程序合法性的限制。因而，若要使快办程序能够与未来社会的发展速度相匹配，则必然要具有突破普通程序规定的能力，因此《行政处罚法》应当在简易程序与普通程序之外，构建快办程序制度，使之获得新的程序定位。现有处罚程序对案件繁简分流的不充分以及《行政处罚法》第49条对从快处罚规范的留白为快办程序入法提供了必要的制度空间。因此在《行政处罚法》中构建快办程序制度具有一定的可行性。

本书的第三章至第六章是对如何构建快办程序这一问题的回答。第三章主要讨论快办程序构建的价值标准，即如何构建一个在价值上可接受的快办程序。第四、五、六章则是对快办程序具体制度内容的构建。政府治理现代化不仅是依法而治，更要实现良法善治，快办程序的构建应当具有正当的价值基础。正当程序理论为衡量程序价值的可接受性提供了方法与标尺。最低限度的公正是行政程序应当遵守的内在价值；程序成本与收益的最优解是程序所追求的工具价值。行政处罚快办程序的构建应当在保障当事人政治主体地位的基础上，尽可能使程序的工具效能最大化。本书将以此为价值规范，对快办程序在适用范围、加速技术以及配套机制等方面丰富的制度实践进行选取与完善。

以上是本书的主体部分，虽然回答了快办程序是否具有构建的必要性以及如何构建两个问题，但似乎没有直接回答最初的那个问题，即为什么快办程序在程序简化的同时还能实现良好的执法效果。本书在结论部分试图通过一个系统性的理论总结对这个问题予以回应。行政程序的正当性一是有效限制了公权力的肆意行使，保护了当事人的权利。二是对行政效能的保障。随着社会的加速，程序虽然限制了权力对当事人生命、财产权的侵害，但对当事人时间权利保护不足的问题也开始出现，没有被刻意限制的时间裁量权对当事人产生了越来越重大的影响。不仅如此，随着时间价值权重的提升，行政程序的经济性也出现了问题，很多程序环节被认为是"非增值的"与冗余的。可见，原有的行政程序在加速社会中出现了正当性的式微。而程序加速一方面通过限制时间裁量权重新为程序注入了内在正当性，另一方面通过精细化的资源分配为程序注入了工具正当性。因此，程序的合理简化加速实际上是为程序补强了正当性，所以其才能够取得良好的执法效果。而本书对此问题的回答，同样对其他行政程序的加速现象具有法理解释力，故而本书在结论中也对其他行政程序的加速作了适当的延伸讨论。

第四节　研究创新

行政处罚的快办程序虽然已经有了近十年的试点实践，但由于试点范围较窄，并未引起学者的广泛关注。2018 年《程序规定》将其正式作为治安案件办理的程序制度后，快办程序的适用与试点范围才开始逐步扩大，也才陆续出现了关于快办程序的研究成果。但目前对快办程序的研究还不充分，不仅以行政处罚快办程序为主题的研究成果较少，而且大部分研究集中于对制度的规范性解释以及对制度效果与制度问题的研究，而缺少系统性、理论性的研究。因此，对快办程序的研究仍然是一个新的议题。本书在现有研究的基础上，对快办程序的实践状况进行了更广泛的了解，对快办程序生成与构建的理论基础进行了更深入的探析，并对快办程序制度的构建提出了系统的建议，进而使快办程序的整体图景得到了显现，丰富了可供学者讨论与后续研究的议题。本书可能存在以下理论创新与制度创新：

第一，理论创新。理论研究不足是快办程序研究的主要问题之一，现有研究并没有对快办程序的法理进行深入研究，也没有对快办程序构建的理论进行归纳与说明，而这两个问题也是快办程序构建的基础性问题。因此，本书试图对快办程序的法理与构建的理论进行阐释。首先，本书通过对治理现代化理论、社会加速理论与程序正当性理论的运用，揭示了行政机关时间裁量权的存在以及对公民权利产生的重要影响，丰富了快办程序生成的法理内涵。繁简分流被认为是快办程序生成的重要法理，认为快办程序通过繁简分流实现了执法资源的精细化配置，缓解了执法机关"案多人少"的矛盾。但繁简分流仅仅关注了公共管理的需求，而忽视了当事人的权利面向，即当事人对案件办理的及时性有着越来越强烈的需求。社会加速理论是法兰克福学派学者罗萨提出的重要理论，阐明社会速度不断加快的原理与恒定趋势，以及加速社会的主要特征。社会不确定性的增长与时间资源价值权重的提升是加速社会的主要特征，在政府治理活动中，社会不确定性的增长使治理规模出现了不断扩张的趋势，导致了治理资源不足与治理任务增加之间的矛盾升级，因此精细化的配置治理资源能够满足治理规模扩张的需求。而时间资源价值权重的提升使时间对当事人的意义越发重要，如果行政机关可以不受约束地占用当事人的时间，则同样能够形成对当事人的专制。因此，时间权力与权利现象在加速社会中越发凸显，而允许拖延的程序也赋予了执法机关宽泛的时间裁量权，可以利用不受约束的时间裁量权，对当事人的时间权利进行宰制。缓慢的行政处罚程序既不能对时间权利进行公正的分配，以有效回应人民的时间权利诉求，也降低了行政机关的制度执行能力。所以，行政处罚程序的加速是改善政府治理效能，实现政府治理现代化的必要方式。其次，本书提出了快办程序构建的价值衡量标准。价值衡量标准是快办程序具体制度构建的价值取向，在现有研究中，学者们针对快办程序制度提出了一些问题和完善的建议，然而其却没有论及背后的统一原理。正如诸多学者所言，效率仅仅是行政活动的主要价值之一，快办程序虽然要实现效率，但其同样不能忽视行政处罚程序所应实现的其他价值。可见，说明快办程序构建的价值标准，对于快办程序的构建、评价与完善具有基础性作用。程序正当性是对行政程序进行评价的核心理论，程序正当性理论也试图对行政程序进行综合性的价值评价。本书以程序正当性理论为基础，认为快办程序应当在坚持程序内在正当性标准的前提下，重新评估时间的价值权重，进而追求程序工具正当性的最优解。

第二，制度创新。快办程序目前虽然有了法律和部门规章层面的依据，但执法部门也在通过规范性文件等形式对快办程序的内容进行创新与完善。除此之外，现有法律与规章层面的规定并非适用于所有行政执法领域的程序规定，一些执法部门也正在对快办程序或类似的快速程序进行积极的探索与创新。由此可见，快办程序目前并非一个完全定型的统一的执法程序，其会根据社会的不断发展以及执法领域的不同而产生差异化的程序内容。但程序内容的差异化，也是共性之下的差异，即快办程序都会有自己的适用范围、加速技术以及相应的配套机制。因此，本书试图以快办程序构建的正当性标准为基础对其适用范围、加速技术以及配套机制进行设计，使之成为快办程序发展与适用的一般性规则。

第一章　政府治理现代化视域下
快办程序的理论逻辑

　　快办程序来自浙江省公安机关的实践探索，借鉴了诉讼程序"繁简分流"的改革理念，意在对公安机关办理行政案件程序进行精细化分层。新事物的生成也许具有一定的偶然性，但也必然具有一定的合理性。快办程序在执法实践中不仅提升了案件的办理速度，而且提高了案件的办理质量。[①] 尽管快办程序在治安执法领域取得了良好的执法效果，但若要在《行政处罚法》中构建快办程序制度，则要对快办程序的普适性予以说明，即揭示快办程序生成的合理性与科学性。快办程序普适性的基础在于能够有效解决现有行政处罚程序所面临的问题，并使行政处罚工作更好地顺应人民的期盼与满足国家治理与法治建设的需要。因此，若要将快办程序上升为行政处罚的法定程序，则要对快办程序构建的理论逻辑进行阐释，以说明构建的必要性和必然性。由此可见，要回答快办程序是否具有普适性这一核心问题，则要先对下列问题进行回答：首先，政府治理现代化对政府治理活动提出了哪些要求？其次，现有的行政处罚普通程序与简易程序是否已不能满足政府治理现代化的要求？快办程序又是否有效地应对了现有挑战？最后，为什么要构建一个新的程序而不是对现有程序进行改造与完善？

　　为回答上述问题，笔者首先考察了快办程序的制度实践，发现其不仅

---

　　① 王春，任荣珍. 办理行政案刷新"嘉"速度　嘉兴公安行政案件智能快办提升执法质效 [N]. 法制日报，2018-10-15（002）.

为执法机关节约了执法资源，而且使当事人能够尽快摆脱程序负担，拥有一个稳定的法律状态。而执法资源的节约与程序及时性的实现恰好满足了社会加速对政府治理效能的需求。因此，本章将从社会加速对政府治理现代化的挑战着手，探寻加速社会背景下政府治理现代化对行政程序的要求，进而分析快办程序构建的必要性与必然性依据。

第一节　社会加速对政府治理现代化的挑战

一、政府治理现代化与治理效能

提出社会主义现代化建设，是我党在总结十年动乱的经验教训的基础上，认识到"四个现代化"的实现有赖于社会主义制度优越性的体现，社会主义制度如果不完善，社会主义经济就难以取得良性的发展。[①] 因此社会主义现代化并不限于"四个现代化"，叶剑英同志曾指出，"四个现代化"是实现现代化的四个主要方面，并不是说现代化事业只以这四个方面为限。要在改革和完善社会主义经济制度的同时，改革和完善社会主义政治制度，发展高度的社会主义民主和完备的社会主义法制。在建设高度物质文明的同时，建设高度的社会主义精神文明。这些都是社会主义现代化的重要目标。[②] 由此可见，社会主义的现代化不仅是经济基础或经济发展的现代化，还是上层建筑的现代化。党的十八届三中全会指出，全面深化改革的总目标是完善和发展中国特色社会主义制度，推进国家治理体系和治理能力现代化。党的十九届四中全会对坚持和完善中国特色社会主义制度、推进国家治理体系和治理能力现代化作出重大战略部署，全会通过了《中共中央关于坚持和完善中国特色社会主义制度 推进国家治理体系和治

---

① 罗平汉，方涛. 从"四个现代化"到"第五个现代化"——中国共产党现代化思想的演进轨迹［J］. 探索，2014（05）：38.

② 中共中央文献研究室编. 三中全会以来重要文献选编（上）［M］. 北京：中央文献出版社，2011：204.

理能力现代化若干重大问题的决定》，这是我们党的历史上首次通过中央全会专门研究国家制度和国家治理问题。

（一）国家治理现代化的内涵

在我国的古语中，"治"字有动词与名词的双意，其动词取"管理""整理"之意，而名词则取"安定"与"和谐"之意；而"理"字则有按照纹理修饰玉器的含义。"治理"一词合并后，则主要是指统治者对国家的管理活动与对政务的处置行为。在西方的语境中，"治理"一词发源于拉丁文的"掌舵"，具有控制、引导和操纵的含义，其同样被广泛地应用于国家统治的范畴。20世纪80年代，"治理"一词在被赋予了新的含义后，成了无所不在的"时髦词汇"。但治理在被广泛应用的同时，其语义也出现了明显的泛化，当前对于"治理"含义的理解，主要分为规范意义上的治理与分析或叙述意义上的治理。① 规范意义上的治理是各种公共的或私人的个人和机构管理其共同事务的诸方式的总和，主要通过合作、协商、伙伴关系、确立认同和共同的目标等方式实施对公共事务的管理，其实质是建立在市场原则、公共利益和认同之上的合作，其管理机制主要不是依靠政府的权威，而是依靠合作网络的权威。② 而分析性视角下的治理则是一种广义上的治理，其包含不同类型的政府，任何一种政府都是一种特定的治理方式或一个治理样本，因此，分析意义上的治理代表的是各种不同治理方式、模式、类型或样本的总体，是对客观世界的真实描述，其不将治理拘泥于某种理论与形式，而是对治理现象的全面观察。"治理现代化"理论也是在分析视角下使用的治理概念，是对我国治理现象的一个理论总结。在分析视角下，国家治理有各种不同的模式和选择，不同的治理方式也代表着差异化的治理水平，当治理水平不能满足国家与社会的发展需求时，就会出现治理的失败，甚至是国家建构的失败。因此，实现高水平的治理是保障国家强大、社会稳定、人民幸福的基本前提。而高水平

---

① 杨冠琼．国家治理体系与能力现代化研究［M］．北京：经济管理出版社，2018：22.

② 李军鹏．公共管理学（第二版）［M］．北京：首都经济贸易大学出版社，2017：39.

的治理并非一套绝对的、静态的治理模式，其是发展的、动态的与目标性的。

治理现代化的本质是制度体系随着社会生产力发展而不断变化的过程。马克思主义原理指出，上层建筑由经济基础决定，并反作用于经济基础。通过四十多年的改革开放历程，我国的经济得到空前发展，成为全球第二大经济体，经济基础的现代化取得了重大成就。在社会主义现代化建设的过程中，我国的各项制度虽然也逐渐确立并逐步完善，但与经济发展的速度相比仍然处于落后状态。由制度供给缺失、治理能力不足引发的一系列社会问题制约了社会主义现代化的进一步发展，阻碍了社会主义现代化目标的实现。其一，随着生产力与生产关系的发展，社会结构发生明显变化，社会利益出现了多元化诉求。加之社会的复杂性增长，社会矛盾随着分配不均不断积聚，治理主体的单一性与治理资源的有限性使治理活动的有效性与回应性出现危机。生产力与生产关系的变革，不仅会对既有的各类社会制度产生冲击甚至颠覆，还会产生新的利益诉求与利益关系。如果社会制度不能适应生产力发展的要求，则其不仅难以有效应对新的社会矛盾，甚至会失去原有的社会根基，产生国家安全与社会稳定的风险。其二，在经济高速发展的背景下，各种生产要素的高速流动创造了社会发展的基本动力，政府与市场的原有边界阻碍了生产要素的高效运转。无论是人民对美好幸福生活的需求还是国际竞争力的实现都依赖于生产力的快速发展。虽然制度体系由生产力与生产关系决定，但其也反作用于生产力与生产关系，落后的制度体系与执行能力会对生产力的发展产生阻碍。因此推进治理现代化使其能够与经济基础相匹配，改革一切不利于生产要素流动以及资源优化配置的体制和机制是当务之急。① 由此可见，治理现代化就是国家根据治理需求，不断完善和发展中国特色社会主义制度，通过坚决破除各方面体制机制弊端，使中国特色社会主义治理模式不断适应中国发展的探索。因此，从治理现代化的动态过程来看，治理现代化的内涵具

---

① 郑言，李猛. 推进国家治理体系与国家治理能力现代化 [J]. 吉林大学社会科学学报，2014（02）：6-7.

有时代性与开放性，其首先要求国家能够根据生产力发展的要求不断对制度体系进行革新，使之能够反映与适应生产力的发展阶段，并能够对生产力发展产生积极的正向作用。其次，要求国家持续提升自身的治理能力，使之可以有效地发挥治理体系所蕴含的治理效能，进而将先进的制度体系转化为现实治理的有效性。可见，现代化的治理并非特指某种模式的治理，也并非对某种价值的突出与强调，而是处于特定发展阶段中的国家，根据自身所面临的治理问题，不断完善改革治理体系、提升治理能力，最终实现善治的过程。

有学者指出，治理是一个利益表达、利益整合、政策生产与执行、政策反馈的过程。利益表达的充分性、利益整合与政策生产的科学性、政策执行的高效性与政策反馈的及时性等都会对治理的有效性产生影响。而当今中国面临四个重要的治理难题。其一，国家主导的发展模式使治理资源的配置效率低下，社会稳定性的控制成本过高。随着社会矛盾的积聚与治理规模的扩张，国家作为单一的治理主体，不仅难以保障资源的充足供应，而且其在诸多领域存在治理能力的不足。如果在资源不足、能力有限的情形下，仍要承担不断增长的治理任务，则治理资源必然不能得到有效与集中的配置，对社会持续的稳定性控制将最终难以为继。其二，政府的权责不清造成了市场与社会活力的衰退。自改革开放以来，我国虽然一直在进行政府的放权改革，市场与社会的自由度在逐步增强，但是政府的权力边界一直没有被厘清，政府在政策制定与执行过程中总希望能够扩权，通过"有形之手"控制资源分配。政府、社会与市场之间的模糊边界也成为阻碍治理有效性的顽疾。政府的"有形之手"常常侵入社会与市场的自治空间，社会主体与市场主体不仅自主权受到压制，其行动预期也不稳定。在权益不能被有效保障的情形下，社会主体、市场主体参与竞争与创新的主动性减弱。其三，国家管理者的责任缺失。人民是国家的所有者，国家权力的运行服务于人民权利的实现。因此，治理要求的是责任之治，制度制定与制度执行均应体现人民意志，将人民置于核心地位。然而在党的十八大以前，对公权力的监督机制与责任体系尚不完善，特权与腐败现象在党内滋生，公权力在运行过程中出现了背离人民诉求的异化。其四，治理的开放性、回应性与人民的期待不符。随着公民权利意识的觉醒，不仅希望通过对治理过程的参与，表达与维护自身的权利诉求，而且其对治理效果的期待值逐步提升，希望国家治理能够积极回应其"急难愁盼"的问题。然而，由于治理的接纳性与开放性不足，公民难以形成充分的利益表达，治理对人民期望的回应性不足。① 改善国家治理过程中出现的问题，提升国家治理的有效性，也即实现国家治理现代化的过程。党的十九届四中全会提出了推进国家治理现代化的十三点具体工作要求，其中既有对现有制度体系的完善与发展，也有对制度执行能力的强化与改善。而从方法论的视角来看，治理现代化的过程是一个实现善治、法治与共治的过程。

善治是国家治理的理想状态，为国家治理提供了评价标准与目标导向。"变者天下之公理也。"如上所述，任何的治理体系与治理能力都是历史的与阶段性的，如果不能根据生产力的发展需求不断创新与完善，则必然会僵化失效，使国家治理失去生机。因此，治理现代化要求国家必须不断地全面深化改革，使中国特色社会主义制度更完善、执行更有效。而改革就必须要有目标和方向、原则与立场，绝不能违逆历史的发展、背离正向的价值与忽视科学的规律。中国特色社会主义制度虽然暴露出了一些治理问题，但仍然是最能反映人民利益与适应中国发展的制度体系，其所确立的制度优势与制度方向符合人民所认可的制度价值，能够满足人民对美好幸福生活的期待。因此，善治是在坚持制度自信的基础上，吸收人类政治文明的有益成果，不断完善中国特色社会主义制度的过程。

法治是国家治理的基本方式。法治具有预期性、稳定性、规范性、协调性、救济性等优势。其一，法治能够明确国家权力的边界与责任，使市场在资源配置中起决定性作用，社会主体与市场主体可依法追求和实现自身利益的最大化。市场能否在资源配置中起到决定性作用，关键在于明确政府对市场管理与干预的边界，使市场规律能够发挥应有的效用。因此，

① 何增科. 理解国家治理及其现代化 [J]. 马克思主义与现实，2014（01）：13-15.

公权力要对干预市场的行为有所克制，公权力对市场干预的随意性，不仅会使资源不能按照市场规律高效流动，产生应有价值，会破坏市场公平有序的竞争秩序，使市场主体失去参与竞争的动力与信心。因此，随意干预市场、滥用职权、权力寻租等破坏市场规则的行为应得到有效的限制。在强调权力干预有限性的同时，也要承认市场自身的有限性，即缺失必要干预的市场也会造成资源配置的效率低下，导致公共利益的损害。因此，政府对市场的组织与对市场秩序的维护等职能又是必要的。故而，要营造一个良好的市场就必须厘清政府的权力边界，而权力边界与权力责任的划定必须依赖法治，只有通过法治，权力边界才能清晰稳定，权力责任才能对政府行为形成有效约束。其二，有助于不同利益主体求同存异，以形成公共理性与治理合力，进而提升治理的权威性、科学性与有效性。法律的制定与形成，并非任意的与随机的，也不是单一群体意志的反映，而是建立在不同利益群体之间充分协商与理性沟通的基础上。因此，法律既是不同利益群体认可与接纳的结果，也体现了制度生成的审慎性与科学理性。法律之所以是国家意志的体现，并以国家强制力作为保障，正是由于其不仅具有广泛的人民基础，能够代表最广泛群体的利益，而且符合社会治理的一般规律。人民的权威性与科学的权威性使法律具有了深厚的根基，其在实施过程中便能够凝聚各方的合力。其三，能够保障制度的稳定与延续性，使国家治理具有规划性，有助于实现治理的长效性。国家治理现代化虽然是一个制度体系不断完善的过程，但激烈的变法与无常的制度更迭同样会导致治理的无效，使国家治理过于注重短期利益，难以有效地开展长期规划。因此，保持制度的延续性，使治理现代化成为一个稳中求变、审慎有序的过程更有利于国家的长治久安。法律是对既有经验、知识与规律的固定，是将混乱与反复转化成稳定与秩序，使人们避免产生对失控的恐惧。因此，法治能够为改革提供规范性框架，使改革过程在"破"与"立"的良性关系中开展。法治之所以是现代化的治理方式，不仅在于其符合国家治理的科学规律，更在于其在价值上具有正当性，即法治所具有的正义精神使其实现的治理结果最符合现代文明认可的价值追求。法治以善治为最终目标，其所确立的制度体系是民主、效率、责任、文明、理性、平等多种价值的集合反映。法治不仅仅是依法而治，同时还是良法之治，只有通过良法为治理注入现代化的价值追求，国家治理才能够反映出对人的终极关怀，使治理成果惠及全民。故而，从法治角度来看，治理现代化要求国家治理体系规范化、科学化、正当化，国家治理者善于运用法治思维和法律制度治理国家。

共治是治理现代化的核心特质。国家治理现代化是由国家的一元之治向国家与社会主体的多元之治的转型，是国家权力与责任从集中走向分散的过程，其既是协调机制、分权机制，也是反馈机制。所谓共治，一是为治理客体提供充分的利益表达与协商的平台，使国家治理能够充分吸收与有效整合人民的利益诉求，以最大化地满足与回应人民对美好幸福生活的期待。国家治理的目的之一是要增进人民利益，提升人民的获得感。坚持人民的主体地位，切实了解人民的利益诉求是实现有效治理的必要前提。随着利益的多元化，传统的"家长式思维"已经不能为治理提供正当性基础，治理现代化需要更为充分的利益表达与利益协调。共治为制度形成提供了更多的表达与协商的渠道，治理客体能够在制度形成过程中表达对治理过程的期望与诉求。二是要将治理客体转化为治理主体，使社会与公众能够分担治理责任、共享治理资源，进而弥补国家在治理资源与治理能力上的不足，以提高治理的有效性。治理客体对治理的期望越多，政府所承担的治理责任也就越多，政府也就一定会呈现出膨胀扩张的趋势。随着治理专业化的增强，单一主体的治理资源不可能满足治理责任的需求。因此，仅仅将治理客体作为治理成果的享有者，并不能满足治理的现实需求。治理客体拥有一定的治理资源与专业知识，如果能够发挥公共精神与首创精神，积极转变治理角色，承担治理任务，则其自身利益与治理效果都能得到有效改进。三是建立灵敏的反馈机制，社会与公众能够对政策的科学性与执行的有效性作出及时的反馈，进而使治理过程形成创新完善的动力机制。治理客体是对治理效果感受最直接、最深切的主体，治理过程是否产生应有的效果以及是否符合社会发展的客观需要，治理客体最有发言权。仅依靠政府自身对治理的评判，不仅难以保障评判的客观性，而且会存在延迟性的问题。因此，共治不仅要求多元主体参与制度的形成与制度的执行，还要求治理客体对治理过程的评价能够及时进入制度形成与执行的过程中，以有效地修正制度问题与执行偏差，进而使治理产生纠偏与更新的动力来源和信息基础。

（二）政府治理现代化与治理效能的关系

国家治理虽然是多元共治，但主要表现为政府治理，主要以合法的强制性为后盾来实现资源的汲取与配置。政府治理现代化是国家治理现代化建设的核心内容。中国全面深化改革迫切要求推进政府治理现代化，要求政府能够通过自我革新以使其治理能力与社会发展需求相适应，进而实现治理效能的提升。政府的治理能力即行政机关在建设国家治理体系现代化和提升国家治理能力现代化行动中处理国家事务、社会事务和行政机关内部事务所具有的效能表现。具体地说，包括政府按照深化改革目标要求进行自我角色调整和重塑、权力划分和界定的能力；政府自身以现代化为要求理顺行政关系、简化行政流程、提高行政效率、增强政府公信力的能力；政府在不同制度关系中运用行政权力引导、控制国家社会经济良好运行的能力；以及各级各类政府部门之间互相协同发展，推进我国社会主义现代化事业的能力；等等。[①] 而政府治理能力的现代化则可认为是政府履行职责的能力不断提升、效率不断提高、成本不断降低和官员公共精神不断得到培育的过程。在这个过程中，政府的履职能力通过数据化、精准化适应现代经济社会发展的要求，满足人民群众的获得感；通过使用新技术、新型服务模式、新型治理模式满足人民群众日益多样化的发展需求，并获得全新的体验。[②]

"治理效能"是我们党在国家治理的实践过程中总结出来的一个用以

---

① 林婷．"政府治理能力现代化"内涵解析 [J]．厦门理工学院学报，2015（02）：97.

② 丁元竹．治理现代化呼唤政府治理理论创新 [J]．国家行政学院学报，2017（03）：37-38.

衡量治理效果与治理目标实现程度的词汇。国家治理现代化的过程即通过国家治理活动将制度优势转化为治理效能的过程。习近平总书记在《切实把思想统一到党的十八届三中全会精神上来》中指出，"国家治理体系和治理能力是一个有机整体，相辅相成，有了好的国家治理体系才能提高治理能力，提高国家治理能力才能充分发挥国家治理体系的效能"。① 由此可见，治理体系与治理能力所体现出来的制度优势是释放治理效能的基础。党的十九届四中全会提出，"要把我国制度优势更好转化为治理效能"。② 党的十九届五中全会提出，要把治理效能的提升作为"十四五"时期社会经济发展的主要目标之一。③

　　作为一个从治理实践发展出来的概念，"治理效能"目前还没有一个规范定义，学者们对治理效能的描述也是多角度与多层次的。有学者认为，治理效能是政策绩效的多重反映。④ 也有学者认为，治理效能有三个层次的内涵，其一是价值的多维度性；其二是结果价值的正向性；其三是实际状态的动态性。其最终表现为国家治理效能＝国家治理的制度化水平/外部环境状况（风险挑战）。⑤ 还有学者认为，国家治理效能是一个多维度的概念，需要从效率、公平、效果、经济等多个维度对其进行测评，但制度效能的实现却有赖于制度本身的匹配、自洽、适应与执行。⑥ 尽管对治理效能的定义目前还众说纷纭，但从对治理效果的评价功能来看，治理效能的最基本内涵应当是对治理目标的实现程度，即目标在治理效能的评价

---

　　① 习近平. 切实把思想统一到党的十八届三中全会精神上来［N］. 人民日报，2014-01-01（002）.

　　② 中共中央关于坚持和完善中国特色社会主义制度　推进国家治理体系和治理能力现代化若干重大问题的决定［N］. 人民日报，2019-11-06（001）.

　　③ 中共中央关于制定国民经济和社会发展第十四个五年规划和二〇三五年远景目标的建议［N］. 人民日报，2020-11-04（001）.

　　④ 庞明礼. 国家治理效能的实现机制：一个政策过程的分析视角［J］. 探索，2020（01）：89.

　　⑤ 吕普生. 我国制度优势转化为国家治理效能的理论逻辑与有效路径分析［J］. 新疆师范大学学报（哲学社会科学版），2020（03）：20-21.

　　⑥ 马亮. 四位一体的国家治理——制度优势何以转化为治理效能？［J］. 广西师范大学学报（哲学社会科学版），2021（01）：8-10.

中具有非常重要的统领与核心地位。

　　而治理目标的实现一则取决于国家治理的制度体系，二则取决于治理主体的制度执行能力。中国特色社会主义制度是国家治理一切活动和工作的根本遵循与方向指引，而制度体系则是中国特色社会主义在治理活动中具体的制度展开，为国家治理活动提供直接目标与直接依据。理论与现实都已证明，中国特色社会主义的根本制度是符合历史规律、生产力要求与人民期望的具有优势的制度，是治理效能能够实现的制度根基。然而，作为治理直接依据与目标的具体制度还存在短板与弱项，还阻碍着治理效能的实现。党的十九届四中全会提出了制度体系完善"三步走"的具体目标，而在当下，"固根基、扬优势、补短板、强弱项"为国家治理活动提供"系统完备、科学规范、运行有效的制度体系"是实现治理效能的必要路径。除了完善的制度体系之外，实现国家治理效能的关键还在于提升制度的执行能力。[①] 制度执行是将制度体系转化为效能的中间环节，国家各项制度只有在实践中被充分地贯彻与执行，其制度优势才能够被彰显，而其被贯彻的程度越充分，则说明治理效能越明显。综上，有学者指出制度供给与制度执行共同决定着治理效能的实现。[②] 政府治理现代化的过程，就是在治理过程中充分实现治理效能的过程，而政府治理效能的实现，则要求其在制度执行过程中表现出高效性，在制度供给过程中表现出回应性。

二、加速社会的主要特征

　　根据社会学者的观察，现代社会最重要的社会现象就是社会时间结构的加速，[③] 而社会时间作为由社会制度所构成的生活协调机制，[④] 其通过对

---

　　① 麻宝斌. 制度执行力：提升治理效能的关键所在 [J]. 国家治理，2019 (41)：31.

　　② 燕继荣. 制度、政策与效能：国家治理探源——兼论中国制度优势及效能转化 [J]. 政治学研究，2020 (02)：10.

　　③ 郑作彧. 社会速度研究：当代主要理论轴线 [J]. 国外社会科学，2014 (03)：108-118.

　　④ 郑作彧. 生命时间的结构性 [J]. 华中科技大学学报（社会科学版），2018 (05)：99.

生活实践的指导构建了行动有序的社会秩序。[①] 德国社会学家罗萨把现代化诠释为"一种朝向社会加速的过程"，[②] 加速社会带来的社会变化也为政府治理现代化的实现提出了新的挑战。社会学关注的社会加速并不是个体对社会生活的主观经验，而是一套具有科学性的社会学理论。罗萨归纳了加速的三个维度：第一是技术的加速维度。技术加速即目标明确的、技术的加速过程，从运输到通信领域，甚至是生产领域都发生了巨大的加速。技术维度的加速使我们与空间、人、物的关系都发生了改变，其将时间从空间中解放出来，原有的空间关系开始向时间关系转变，人和时间产生了新的互动，进而产生了新的自我关系与社会关系。第二是社会变化的加速维度。社会变化的加速是指行为的经验和期望失效的速度的提高，罗萨称之为"现在的缩短"。第三是生活节奏的加速维度。其是指行为速度的提升以及每个时间单位体验事件的增加。在罗萨的社会加速理论中，技术的加速、社会变化的加速与生活节奏的加速形成了一个推动社会持续加速的动力闭环。

技术革新是社会变化得以加速的发条，每一次技术革命都会改变人类的生产与生活方式。蒸汽机的出现使大工厂制被建立，劳动模式与雇佣关系出现了根本性变革，资本主义的政治制度开始迅速蔓延；而电磁技术的发展使科技与生产的结合更加紧密，新兴产业喷涌而出，资本主义经济开始走向垄断。工业革命的历史已经证明，每一次突破性的技术革新都可能使社会出现翻天覆地的变化，当前正在发生的技术革命也催生着社会的深刻变革。社会变化的加速使社会主体面临的新鲜事物与场景不断增多，在总体时间不变的情形下，其在单位时间内的行动负荷出现了明显的增加，也即社会主体的生活节奏出现了加速。显然，生活节奏的加速会使社会主体感受到时间资源的稀缺以及时间流逝带来的负面压力。这要求社会主体对有限的时间资源进行多线投入，单个行动所占有的时间资源会逐渐减

---

① 张品. 社会学时间研究初探 [J]. 理论与现代化，2012（04）：51.
② [德] 哈特穆特·罗萨. 新异化的诞生：社会加速批判理论大纲 [M]. 郑作彧，译. 上海：上海人民出版社，2018：55.

少，时间资源稀缺的感觉也会越发强烈。时间紧张的现状会使其希望在保持行动有效性的前提下，缩短单个行动所需的时间，以提高时间利用的效率。而提高时间利用效率的最有效手段则是通过技术的革新，由此社会对技术更新便有了普遍性的需求，加速其再次回到了动力的起点。可见，现代社会处于一个自我推动的加速循环之中，社会时间结构也因此具有了持续加速的动力。[①] 在加速社会中，两个社会特征会越发显现：其一是时间资源成为基础性的稀缺资源；其二是风险的不确定性增加，对风险应对能力的要求不断提高。

（一）社会的不确定性与偶然性增加

加速社会的第一个重要特征是社会不确定性与偶然性的增加。所谓不确定性的增加，是指社会变化的加速导致了引导社会主体决策的期望的稳定性逐渐减弱，从而使预期的安全感丧失。罗萨观察到，"现在的萎缩"是加速社会中的一个重要现象。[②] 系统理论将社会时间区分为"过去"、"现在"与"未来"，而"现在"是一个具有一定持续性和可靠性的时间区间，经验与知识在这个时间区间内是稳定不变的；"过去"则是指已经被固定下来永不会变化的时间区间，在此时间区间中所有的事物都不会再有变化，因此其是"现在"区间中的经验与知识基础；而"未来"则是指尚未发生与没有生效的事物存在的时间区间，"未来"的发生与生效是由"现在"的行动所生成的。"过去"、"现在"与"未来"是一个线性的时间关系，"未来"与"现在"都会逐渐成为"过去"，其中"现在"是将"过去"的经验与知识转化成"未来"的一个重要的时间区间，而"现在"的萎缩就意味着"未来"区间的迅速到来以及"过去"时间的快速形成。"过去"时间区间的迅速形成是由社会变化的加速所引发的，当社会变化的速度越来越快，经验与知识的更迭速度也就会相应提高，知识与

---

① ［德］哈尔特穆特·罗萨. 加速：现代社会中时间结构的改变 ［M］. 董璐，译. 北京：北京大学出版社，2015：185.

② ［德］哈尔特穆特·罗萨. 加速：现代社会中时间结构的改变 ［M］. 董璐，译. 北京：北京大学出版社，2015：134.

经验失效的加速使原有的相对稳定的行动条件被动摇，社会主体不得不对自己的经验与知识进行更快速地修正，因此"过去"的转化速度提升使"现在"阶段出现了累进式的减缩。不止"过去"在迅速地转化，"未来"也正更快速地到来。由于行动的稳定性与可靠性正在减弱，社会主体在知识相对可靠的情形下快速地作出反应是其把握未来的最好时机。当然，社会变化并不会使社会主体行动的有效性持续过久，其在当下意义重大的行动可能在不久就会失去意义。[1] 因此，"未来"在迅速地转化成"过去"，"现在"的时间区间被进一步压缩。"现在"的缩短一则使得社会主体行动的决策基础与背景产生了越来越多的不确定性，二则使得社会主体对"未来"的规划能力不断减弱，使"未来"的不确定性出现更复杂的增长。综上，不确定性的增长是加速社会的重要特征。

（二）时间成为基础性的稀缺资源

时间成为基础性的稀缺资源是社会加速的第二个重要特征。时间的稀缺性始于其商品化的过程。资本对再生产的追求使社会获取了加速的原动力，[2] 并极大地推动了管理技术与科学技术的变革，为社会加速创造了基础条件。在资本主义生产方式之下的雇佣关系，以劳动时间作为获取报酬的衡量标准，当工人通过出卖自己的劳动时间以获取等价的工资时，作为无差别生产要素的时间便出现了，其也随即成为可以被交易的商品与资源。由于商品价值是由必要劳动时间确定的，因此利润来自资本对剩余劳动时间的追求。为了使利润能够最大化，资本开始追逐时间的竞赛，其既通过延长劳动时间获取绝对剩余价值，也通过高效地利用劳动时间获取相对剩余价值。在时间竞争的过程中，时间资源的稀缺性被充分挖掘了出

---

① 罗萨使用了新闻更新的速度对此进行了说明，在"现在"相对稳定的阶段，日报足以满足社会主体对新闻时效性的要求，而随着社会的加速，新闻的时效性可能只有6小时。虽然，新闻报道的事件不会在6小时后消失，但其重要性却可能在短时间内发生迅速变动。因此更快速的网络新闻正逐渐替代报纸。［德］哈尔特穆特·罗萨. 加速：现代社会中时间结构的改变［M］. 董璐，译. 北京：北京大学出版社，2015：139.

② 孙亮. 资本逻辑视域中的"速度"概念——对罗萨"社会加速批判理论"的考察［J］. 哲学动态，2016（12）：20.

来，资本为了保持自身的竞争优势，以获取高额的利润，必须通过增加雇佣时间内的劳动强度以获取绝对剩余价值，以及对生产技术进行快速革新以获取相对剩余价值。马克思在《资本论》中阐明了资本主义对剩余劳动时间追求的方式："把工作日延长，使之超出工人只生产自己劳动力价值的等价物的那个点，并由资本占有这部分剩余劳动，那即是绝对剩余价值的生产。……如要延长剩余劳动，就得以各种方法，使工资的等价，得在较短时间内生产，以缩减必要劳动。绝对剩余价值的生产，完全以劳动日的大小为转移；相对剩余价值的生产，则会彻底对劳动的技术过程和社会的配置，行使革命。"[1] 然而仅有生产过程的加速还不足以将产品转化为可以再生产的资本，因此资本还会在运输、销售和存贷等领域推动技术的快速革新，[2] 以满足资本循环的速度。技术加速与对时间资源利用效率的追求密不可分，当社会行动者的时间资源处于紧张状态时，其就会设法提升时间资源的利用率以减少时间资源的投入，进而将节省的时间用于其他社会行动。当有限的时间需要满足更多的行动需求时，其稀缺性就得到了显现，而资本竞争是其稀缺性显现的直接动力。

时间资源的稀缺性虽然体现于商品化的过程中，但对处于有限生命时间中的个体来说，时间的资源稀缺性表现，也在文化上被暴露了出来。首先，生命的意义和拓展生命的宽度密切关联。当死后永恒的世界和轮回观念被生命的有限性取代后，生命有限的恐惧便在文化上产生，有限的生命不可能再去充分体验世界的所有美好。在生命时间与世界时间出现分离之后，一种新的关于生命意义的文化开始取得成功，即"通过加速完全享受世界中的所有选择，通过'更快的生活'使得存在于世界时间与生命时间的鸿沟变小"。此种文化观念实际上是在鼓励人们通过增加对世界的体验而拓展生命的宽度，即用丰富多彩的生活填满长度有限的生命。当社会加

---

① ［德］卡尔·马克思. 资本论（第一卷）［M］. 郭大力，王亚南，译. 上海：上海三联书店，2011：362.

② ［德］哈尔特穆特·罗萨. 加速：现代社会中时间结构的改变［M］. 董璐，译. 北京：北京大学出版社，2015：193-194.

速地发生变化，生命时间与世界时间的裂痕也在扩大，社会主体想要寻求美好的生活，就必须使自己的生活节奏更快，若是其能够无限地快下去，就不会拥有对死亡与消失的恐惧。质言之，充分体验美好世界以获取生命意义的文化潮流，使得社会主体在行动上参与了生活节奏的加速。其次，开展社会竞争与应对社会风险，使社会主体被迫追赶社会变化的速度。社会主体处在一个不断加速转换的决策背景之下，知识储备以及经验的有效性在不断缩短，如果不能快速地对知识进行更新，则语言、外表、社交能力以及投资的选择等都将是不合时宜的。换句话说，社会变化的加速制造了一个"滑动的斜坡"，社会主体不可能通过什么都不做，而在原地保持不动。然而，其也不可能什么都不做，社会主体总是希望能够获得成就，但不管成就来自什么领域，都是以每个时间中有效的劳动和工作来界定的。① 可见，成就的取得不仅需要行动者提升自己的行动节奏，还要使其行动是理性的以及富有收益的，因此，社会主体必须在"滑动的斜坡"上努力攀爬，使自身保持竞争优势。

三、加速社会对政府治理能力的挑战

（一）治理规模扩张而治理资源有限

社会加速对政府治理带来的第一重挑战是治理规模的不断扩张与政府治理资源的有限性形成了明显的张力。社会不确定性的增加不仅使政府治理的范围不断扩大，而且使知识有效性不断缩短，政府治理的规划性被逐渐削弱，而如果治理资源的供给不能匹配治理规模的扩张，则意味着政府难以提供充分的公共产品。

第一，政府的治理范围扩大。技术的更新使人的实践活动的形式与导向发生了大幅度的变化，其改变了人与时空的关系，并在此基础上构建了新的社交观念、自我定位、商业模式、雇佣关系与家庭机制等重要的社会

---

① ［德］哈特穆特·罗萨. 新异化的诞生：社会加速批判理论大纲［M］. 郑作彧，译. 上海：上海人民出版社，2018：33.

关系。在开拓新的活动领域的同时，科学也同时创造了新类型的风险。① 在人工智能快速发展的当下，其可能引发的伦理风险、计划风险、责任风险、异化风险等问题已经成为被广泛讨论的话题。② 然而，技术发展带来的不确定性不只在于技术本身的高度复杂性，还在于其对社会生活的影响。③ 在全球化背景之下，风险的传播与交织成为可能，风险的不确定性也因全球化而被进一步提升。贝克指出，现代科学发展所引发的不确定性已经超出了人类所能控制的范围。管理在现代化的进程中是为了对不确定性进行有效的控制。在社会加速的初期，政府的管理活动是对不确定性予以控制的核心工具，罗萨称之为加速的"开路先锋"，即通过政府的管理活动，使技术发展有了稳定可靠的社会秩序，从而使社会发展的长远规划成为可能，资本投入与时间竞争有了可靠的制度前提。④ 与此同时，虽然社会加速为人类的社会生活带来了更多的不确定性，但由于技术发展对管理能力的改进，政府治理活动依然可以将增加的不确定性纳入控制范围之中。⑤ 根据罗萨的观察与研究，管理技术虽然实现了加速，但现代社会是一个增长速率超越相关领域加速速率的社会。⑥ 社会加速虽然可能在单项工作或某个进程中节约管理的时间，但总体来看，由于社会加速带来的不

---

① 乌尔里希·贝克，郗卫东. 风险社会再思考［J］. 马克思主义与现实，2002（04）：48.

② 马长山. 人工智能的社会风险及其法律规制［J］. 法律科学（西北政法大学学报），2018（06）：48-52.

③ 赵延东. 风险社会与风险治理［J］. 中国科技论坛，2004（04）：122.

④ ［德］哈特穆特·罗萨. 新异化的诞生：社会加速批判理论大纲［M］. 郑作彧，译. 上海：上海人民出版社，2018：48.

⑤ 张康之. 论社会运行和社会变化加速化中的管理［J］. 管理世界，2019（02）：105.

⑥ 罗萨列举了他的实证调查，其对家用电器的使用者和未使用者进行了比较，发现使用洗碗机的家庭平均每天比未使用的家庭多花1分钟用于做家务；使用洗衣机的家庭平均要多花费4分钟用于家务。其对相关原因进行了讨论，罗萨认为，首先和帕森斯定律相关，即分配给某项活动的时间决定了其活动内容，当节约的时间分配给其他任务时，其他任务的活动内容也增加了；其次是新技术的使用带来了"副作用"，使用相关技术的家庭将拥有更多的活动领域和选择项，从而使其需要耗费的时间增加。参见［德］哈尔特穆特·罗萨. 加速：现代社会中时间结构的改变［M］. 董璐，译. 北京：北京大学出版社，2015：82-85.

确定性的增多，政府管理不得不处置更多事务。因此，在加速社会中政府治理对时间资源的需求不但没有减少，反而有所增加。

第二，知识有效性的缩短使风险应对的要求提升。社会变化的加速还会对行动者的决策带来另一重影响：长期规划对行动者决策能力的要求越来越高，甚至使其难以规划得过于长远。社会加速不仅使社会风险具有了更多的不确定性，而且对风险的应对能力提出了更高的要求。在技术缓慢发展的时代，重要的社会关系几乎没有任何变化，社会主体生活在一个近乎稳定的决策背景之下，经验可能在传承几代人之后依然有效。然而，当技术革命的火种被点燃，某些领域中的社会关系与社会文化出现了快速的革新，平台经济、零工雇佣、网络社交、新的职业领域以及 P2P 网贷等各类新事物涌现，传统的社会经验已经不能帮助社会主体认识当下身处的决策环境。其若想作出理性决策，则要通过知识的更新对自身的经验作出修正。知识有效性的缩短，不仅使经验的更新频繁，而且管理者能够确信的稳定的预期也在减少，即随着社会的加速变化，管理者对当下的选择在未来的重要性以及有效性已经难以作出准确的判断，而长期规划的困难又会使管理者面临的偶然性增加，进而使其面临更多的不确定性。在规划有效性被削弱的情形下，尽可能多地采取行动可以为未来保留更多的开放性，以使其能够与未来产生更多的连接机会，因此，拉长有限时间内"必要行动的清单"也是加速社会中实现有效治理的方式。然而，治理活动的增加又会进一步使治理规模出现扩张。

治理规模的扩张无疑需要政府部门投入更多的资源才能对不断增加的社会不确定性加以控制，而规划难度的增加更需要政府部门在单项决策中付诸更多资源。因此，若治理资源投入的增加速度不能与治理规模的扩张和治理难度的增长成正比，则政府治理就难以对不确定性实施有效控制，甚至出现权力组织发展与权力应用的异化。有学者已经指出，中国国家治理面临的一个重要难题是国家治理规模的迅速扩张，即中国在统领、管理、整合其管辖领土及其生活于其上民众的空间规模和实际内容的扩展。① 其指出，近年来国家政权不断向基层社会延伸，以致为社会供给的公共产品也相应增加。而政府本身又缺乏足够的资源满足公共产品的需求，因此只能通过扩大权力与膨胀组织使其能够有效地预防社会风险，然而组织与权力的膨胀又使其责任被放大，进而形成了权力扩大与资源不足的恶性循环。比如对于行政许可的审查，在"放管服"改革之前，由于《行政许可法》没有对审查义务作出明确的规定，导致审查主体的审查权力与责任并不清晰，在严格的追责体系下审查主体实际承担着对行政许可实质审查的"无限责任"。因此，许可机关往往通过规范性文件强化审查权力以匹配审查责任，然而其自身的审查能力与审查资源又较为有限，故其只能通过设置证明将审查负担向当事人与其他审查主体转移。政府资源的有限性主要表现在两个方面：首先，在资源总量的投入上，政府资源的投入难以满足治理规模的需要。20世纪70年代，由于财政赤字与机构肿胀而引发的新公共管理改革，就已经证明政府资源的有限性。而近年来"110接处警"任务的限缩性改革也说明单个政府部门的资源并不能为民众提供足够充分的公共服务。其次，政府资源在某些资源的供给上存在明显短缺。政府部门的治理资源不仅在总量上难以满足治理规模的扩张，其在某些类型资源的供给上也表现为明显的短缺。比如，政府在技术、特殊人才等治理资源的供给上就需要依靠社会组织。② 正是由于政府资源的有限性以及片面性，多元共治才成为治理现代化的重要内容。综上，当政府的治理规模出现了明显扩张，政府治理就必然会面对资源有限性的挑战。

（二）对时间权力的制度约束不足

在时间被资源化之后，制度化的计时方式首先在工厂中被应用，而为了保障时间能够得到充分的利用以及避免社会系统之间的不协调，各类正

---

① 周雪光. 国家治理规模及其负荷成本的思考［J］. 吉林大学社会科学学报，2013（01）：6-7.

② 马雪松. 结构、资源、主体：基本公共服务协同治理［J］. 中国行政管理，2016（07）：54.

式与非正式的时间结构也相继被建立起来。现代时间管理制度的确立，标志着时间成为社会规训的重要工具。泰勒式的管理方式正是通过对时间的密集安排，创制了一套严格的生产纪律，其将"生物性身体转化成了富有劳动和商业价值的社会性身体"，① 原由自然与习惯设定的时间节奏被无差别化的时间替代，钟表也随之成为现代社会最好的"监视器"。准时成为社会主体都需要遵守的时间纪律，诸如睡觉、饥饿等既有需求都因为首先要完成规定的时间模板上的任务而失去了获得满足的随意性。在此意义上，制度时间安排可被视为一项关键性的微观权力技术，其以工厂与学校为主要发源地，逐渐扩展至公共交通、医疗、行政以及社会各个方面，将个体时间归入群体的行动之中。②

　　而各类时间结构实际上确立了不同主体的时间权力与权利。有社会学学者捕捉到了一个重要的社会现象，即社会主体之间会因为对时间资源的掌控而形成一种对他人支配的权力，其称之为时间权力。具体而言，当一个社会主体完成某项行动需要迫使其他行动者牺牲时间以支持其行动时，则其对其他行动者具有时间权力。③ 虽然珍惜时间一直是社会文化中的重要信条，但当社会速度没有达到一定的阈值时，时间在社会主体的价值谱系中尚不具有很高的权重，时间的损失也不会对其拥有者造成过多的实际损害。随着社会速度的加快，时间的价值权重在不断提升，甚至成为最重要的基础性资源，对社会主体时间资源的剥夺不亚于直接处置其财产或其他人身权利，时间权力随之产生了对社会主体实际压迫的风险。因此，时间的权力（利）现象日益明显。

　　由于时间权力（利）是以在规定时间内强迫某人做某事或不得强迫某人做某事的情形出现，因此时间权力（利）并没有在制度上非常明显地得

---

① 黄金麟. 历史、身体、国家：近代中国的身体形成（1895—1937）［M］. 台湾：新星出版社，2006：171.

② 高一飞. 时间的"形而下"之维：论现代法律中的时间要素［J］. 交大法学，2021（03）：58.

③ 郑作彧. 社会的时间：形成、变迁与问题［M］. 北京：社会科学文学出版社，2018：207-208.

以显现，但时间权力与权利的较量一直存在。法律对于劳动时间的限制实质上就是时间权力（利）分配的过程。虽然法学理论往往将对劳动时间的限制阐释为对公民休息权利的保护，而这一法律制度并非只狭隘地使公民获得了休息的权利，其最为重要的是赋予了公民可以自行支配的自由时间，而免予受到工作时间的支配。在自由的时间中，公民可以选择休息、娱乐、继续工作、做家务等，只要其能够有支配时间的自主性，法律对劳动时间的限制才真正实现了其立法的本意。如上所述，随着社会时间的不断加速，时间成为越来越重要的基础性资源，为了争抢时间资源，越来越多的时间结构被建立起来，每一个时间结构都承担着时间权力（利）分配的重要功能，如果其不能受到法治规范，就可能出现权力（利）分配不公正的问题，"996 工作制"等就是时间权力（利）配置的失衡。然而，时间权力（利）在现有法律制度中并没有真正得到承认，其至多只能是刚刚被关注的新兴权利。因此，现有法律制度对时间的分配仍然是将其隐藏在其他权利的背后。但由于时间权利并非能够全部附着于其他的权利之上，因此通过对其他实体权利的保护，并不能对这项越来越重要的实体权利实施有效的保护。比如，对于行政处罚时间的限制，行政处罚多久作出，似乎并不会对法律保护的公民的实体权利造成实际损害；又如，要求当事人多次补充许可申请材料，也不会实际侵害当事人的实体权利。故而，只通过其他实体权利的保护以维护公民的时间权利，并不利于保护公民的时间权利。当然，在现有的社会速度之下，全面保护公民的时间权利时机尚未成熟，对公民时间权利的全面保护可能要支付过于高昂的成本。但是，时间权利作为一项重要的权利，应当成为政府治理活动的考量，政府所拥有的时间权力也应当受到必要的限制。而对时间权利一定程度的保护与对政府时间权力的限制，则依赖于相应制度的建构，其中最重要的则是对时间作出规定的程序制度。

四、社会加速背景下政府治理现代化的实现路径

（一）政府治理要实现对有限资源的高效配置

政府是国家制度的主要执行者，政府的治理能力集中体现于国家制度

的执行力，即国家意志的执行能力，其是确保制度目的和目标得以顺利实现的能力，执行速度、执行准确度以及执行效能程度是衡量政府执行能力的三个基本维度。① 制度能够被执行是治理效能得以实现的基础性前提，在加速社会中，不确定性的持续增加使政府治理规模出现了明显的扩张，但政府资源的有限性又使其难以应对不断增加的治理活动，因此制度执行力要解决的首要问题是如何高效地使用政府治理资源，以最大化治理活动的收益，现代化的治理应是大规模–低成本的治理。② 治理规模的扩张是世界各国所面临的主要问题，而世界各国在面临治理规模扩张的情况下都试图改革政府的治理模式，以控制治理成本实现政府资源的精准与高效配置，使政府治理具有高效性。自 20 世纪中叶始，"福利国家"制度开始盛行。福利国家带来的政府职能扩张，使政府机构臃肿复杂、运行效率低下，财政也难以负担治理任务，公众对政府的服务能力与水平严重不满。在既有的政府治理方式出现严重问题的情况下，如何高效地配置政府资源成为西方政府治理改革的一个重要方向。20 世纪 80 年代，新公共管理改革兴起，其以公共选择、交易成本等理论为基础，主张使用市场机制、顾客导向机制、竞争机制等工具实现公共资源的优化配置。其核心追求是通过工具理性主义的嵌入，减少繁文缛节、提升政府效率、降低公共服务成本，最终提升管理效能。其之后的新公共服务改革，再次对市场化、竞争化、放权与减负等机制进行了强调。可见，政府资源的有限性使资源配置的精准性成为政府治理有效性的关键指标。

治理范围越是广泛，公共产品的需求也就越大，支持公共产品供给的财政支出也就越多。在财政支持有限的情形下，最大化公共产品供给的有效途径是高效利用有限的行政资源，以最大化地满足公共需求。而面对行政资源的普遍性不足，规制过程的成本与收益分析在西方国家正逐渐成为

---

① 宋世明. 推进国家治理体系和治理能力现代化的理论框架 [J]. 中共中央党校（国家行政学院）学报，2019（06）：8.

② 丁志刚，李天云. 制度优势转化为治理效能：深层逻辑与核心机制 [J]. 中共福建省委党校（福建行政学院）学报，2021（02）：63.

越来越重要的合法性标准之一。① 在加速社会中，执法资源配置的有效性将直接影响政府的治理效能。虽然随着国家治理体系的不断完善，政府与社会、政府与市场的关系被逐渐厘清，多元的治理主体承担了更多的治理责任，但由于国家的成熟是在职能扩张与职能优化的互动中进行的，② 因此，政府除了要与其他治理主体分担治理责任之外，也必须具备合理配置资源的能力，以使其有足够的资源保障制度的顺利执行。如果政府资源得不到合理有效的配置，则必然会在制度执行中出现选择执行、折扣执行、异化执行的现象，使制度的实际执行效果大打折扣，制度优势的转化率因此降低。党的十九届四中全会明确指出，坚决杜绝做选择、搞变通、打折扣的现象，而杜绝上述问题不仅依赖于监督制度的构建，还依赖于资源配置效率的提升。总之，效率是一个社会的核心价值，良法之治意味着政府治理应当遵循公平合理且迅捷的原则。③ 如果政府的资源配置效率低下，不能高效便民地供给公共产品，则其不能称为现代意义上的法治政府。④ 因此，在治理规模扩张的情况下，精准配置治理资源以提升治理活动的效率与收益，是提高政府制度执行力、实现政府治理现代化的题中应有之义。而政府治理资源的精准配置则要求其能够在重大复杂事项上分配充足的资源，在清楚简易的事项上避免治理资源的过分投入。

（二）政府治理要保护公民的时间权利诉求

"资本……使劳动时间成为了财富唯一的尺度和源泉。"⑤ 持续的社会加速将社会主体置于一个时间消耗不断增加的社会，因此，时间资源的稀缺性与重要性不言而喻，合理地配置自己的时间资源以谋取时间利用效率

---

① 理查德·斯图尔特，田雷. 走入 21 世纪的美国行政法 [J]. 南京大学法律评论，2003（02）：6.

② 刘金海. 国家成长的要素、机制与格局——基于政治生态学角度的国家成长理论 [J]. 学术月刊，2020（09）：77-78.

③ 张文显. 法治与国家治理现代化 [J]. 中国法学，2014（04）：24.

④ 马怀德. 新时代法治政府建设的意义与要求 [J]. 中国高校社会科学，2018（05）：8.

⑤ 中共中央马克思恩格斯列宁斯大林著作编译局. 马克思恩格斯选集（第 2 卷）[M]. 北京：人民出版社，2012：784.

的最大化，是每一个社会主体的理性追求。在被严密组织的时间结构之中，社会主体的自由时间被逐渐侵蚀，社会速度越是快速，其在时间结构上的嵌入越是紧实。根据学者对自由时间与美好生活的观察，加速社会不仅压缩了社会主体的睡眠时间，而且对其自由思考、休闲放松、陪伴家人的时间进行了压缩，甚至出现了工作时间与休闲时间的相互渗透，加速正在背离对"美好生活"的许诺。① 在社会加速的背景之下，政府治理现代化实现要求有效限制政府部门的时间权力，并回应公民的时间权利诉求。

马克思主义指导下的国家治理，是以人民为中心的治理，体现着人民价值观与人民的立场，人民性是治理现代化根本的政治方向。进入中国特色社会主义发展新时代，我党提出了以人民为中心的发展思想，要求政府在治理过程中，能够对人民的关切予以关注，并积极回应人民期待。政府治理的回应性是指政府能够对输入政治过程的民众诉求进行有效反应，及时将民众的诉求加以吸纳并转化为公共政策，实现良政与善治。② "确保最广大人民利益的实现和人民根本权利得到切实保障，这正是国家治理体系和治理能力现代化的核心标志。"③ 因此，政府治理的现代化必须围绕人民对美好生活的向往这一核心议题展开实施。政府治理不仅是制度的执行，还承担着制度供给的重要功能。政府治理之所以能够实现治理体系的制度供给，根源在于政府职能由传统的执行向政治与执行并存职能的转变。传统的行政学理论认为，所有的政府体制都存在两种功能，即进行国家意志表达的政治功能与国家意志执行的行政功能。④ 美国著名的行政学者威尔逊指出，行政不同于政治，行政管理置身于"政治"所特有的范围之外，

---

① 马俊峰，马乔恩."社会加速"与"美好生活"之间的张力与超越——基于马克思主义资本批判逻辑的分析 [J].南京大学学报（哲学·人文科学·社会科学），2019（06）：18-19.

② 江文路.从控制型政府管理到回应型政府治理——重塑民众政治信任差序格局的改革探索 [J].党政研究，2020（02）：92.

③ 周佑勇.推进国家治理现代化的法治逻辑 [J].法商研究，2020，37（04）：8.

④ ［美］古德诺.政治与行政 [M].王元，杨百朋，译.北京：华夏出版社，1987：12-13.

其亦不属于政治问题，行政管理的任务由政治加以确定，因此行政是民意的执行而非民意的表达。在行政与政治二分法的时代，政府的管理过程即民意的传送过程，很难自主地回应公民的现实需求与积极地解决现实问题。然而，随着政府管理范围的扩张以及管理事务复杂性与专业性的增长，政治过程越来越难以对行政过程进行面面俱到的约束，政治机构的立法越来越趋于宽泛，大量的行政事务需要行政机关自己进行决策。行政裁量权的行使从对政治过程"细枝末节"的表达逐渐被认为是一个立法过程。① 现如今，议会立法已经无力对复杂多变的社会问题进行及时有效的回应，政府机关凭借其专家知识以及灵敏快速的回应能力，具备了相应的立法权能，制定相关的政策与法规已经成为政府治理的重要方式。可见，政府治理现代化不仅仅体现为政府对既有制度的执行与表达，还体现为对现有治理体系的完善与补充。

政治过程向政府治理活动的转移，并不意味着政府权力的运行脱离了人民对政府的政治控制，相反，赋予行政机关政治权能，是为了让其凭借自身的专业优势与效率优势及时快速地补强制度短板，回应人民需求。政府回应的本质就是回应公众利益，处理公共事务，解决公共问题。② 而治理活动的人民立场，则要求政府治理过程中的制度供给要紧紧围绕人民的关切与诉求，使以人民为中心的制度优势转化为治理效能。进入新时代，人民群众不仅对传统的民主、法治、公平、正义以及基本权利有了更高的期待，而且对更多的新兴权利的保护也有了更多的需求。③ 在政府治理活动中，行政程序承担了时间权力分配者的角色，通过对行为数量与期限的设定配置了当事人与行政机关在程序中所能主宰的时间，而对当事人时间诉求的保护，则要求减少政府所能支配的时间。有学者将拖延且繁复的程序称为"限制、刁难百姓的手续"，④ 还有学者将成本高昂的诉讼程序视作

---

① ［美］理查德·B. 斯图尔特. 美国行政法的重构［M］. 沈岿，译. 北京：商务印书馆，2016：22.

② 卢坤建. 回应型政府：理论基础、内涵与特征［J］. 学术研究，2009（07）：68.

③ 张文显. 论中国式法治现代化新道路［J］. 中国法学，2022（01）：23.

④ 陈瑞华. 看得见的正义［M］. 北京：北京大学出版社，2013：9.

对当事人的惩罚。① 虽然当前的行政法理论并没有对时间权力（利）这一社会学现象作出系统回应，但行政实践已经开始注重对当事人时间权利诉求的保护，"放管服"改革以来，行政审批程序的简化以及对行政效率的强调，实质上都有对当事人时间诉求予以保护的面向。因此，行政程序的设计要充分体现高效便民原则，政府治理活动既要体现高效性，及时有效地完成治理任务，避免搁置、拖延，同时也要为公民的活动提供充分的便捷性，使之能够简单、迅速地参与治理活动，避免其为程序参与支付过高的时间成本。

第二节　繁简分流：政府治理现代化对处罚程序的必然要求

在社会持续加速的背景之下，政府治理现代化要求政府的治理活动能够实现速度的提升，以节约政府治理的时间成本以及保护公民的时间权利诉求。2016 年李克强在国务院召开全国推进"放管服"改革电视电话会议中提出："政府所有事项都要有规范的标准，程序上简约、管理上精细、时限上明确，推动政府运转流畅高效，决不可久议不决、久拖不办。"《法治政府建设实施纲要（2021—2025 年）》不仅明确将廉洁高效作为执法体制改革的重要目标，还明确要通过深入推进"互联网+"监管执法的方式，提升执法效能，解决人少事多的难题。治理活动的加速有赖于行政程序的简化，但加速并非程序简化的直接目的，程序简化旨在通过简案快办、繁案精办，将节约的治理资源投入更多与更重要的治理活动中，以实现治理效能的提升。因此，程序简化的目的是实现程序的繁简分流。

在治理现代化的背景之下，司法制度改革率先对司法程序进行了繁简分流。随着我国法治建设的持续深入，进入司法程序的案件数量出现了爆炸式增长。据统计，相较于改革开放之初，我国法院受理案件数量的增长

---

① ［美］马尔科姆·M. 菲利. 程序即是惩罚——基层刑事法院的案件处理 ［M］. 魏晓娜，译. 北京：中国政法大学出版社，2014：27.

超过 30 倍，而审判人员数量仅增长 3 倍多，"案多人少"已经成为制约司法能力的深层次难题。[①] 在司法员额制改革以及"轻罪入刑"趋势发展的背景之下，司法资源不足与诉讼需求增加的张力在刑事诉讼领域更加凸显。2014 年全国人大授权 18 家城市开展刑事速裁程序的试点改革，自此，诉讼程序的繁简分流改革正式拉开了帷幕。最高人民法院与最高人民检察院在 2015 年公布的《关于刑事案件速裁程序试点情况的中期报告》显示，刑事速裁程序的改革成效显著、效果明显。[②] 2019 年在中央政法工作会议上习近平总书记再次强调："要深化诉讼制度改革，推进案件繁简分流、轻重分离、快慢分道。"[③] 诉讼程序的繁简分流改革也为快办程序的构建提供了有益的经验参照。

行政处罚作为政府活动的重要组成部分，承担着维护行政管理秩序与保护公民合法权益的重要功能。对于行政处罚程序而言，更加强调对行政相对人程序性权利的保障以及对案件客观事实的发掘，因此程序设计更突出充分性与审慎性，以实现案件的公正与准确办理，而充分性与审慎性的实现往往以程序的繁复与延宕为代价，其所消耗的执法成本也使执法机关不堪重负。有学者指出，案件事实之调查应当与耗时情况相当，若调查耗时与欲查证之事实的重要性不成比例，则调查应当终止。[④] 因此，对行政处罚程序进行繁简分流是合理配置执法资源，最大化实现治理效能的必要措施。

---

① 胡仕浩，刘树德，罗灿.《关于进　步推进案件繁简分流优化司法资源配置的若干意见》的理解与适用［J］. 人民司法（应用），2016（28）：23.

② 最高人民法院、最高人民检察院关于刑事案件速裁程序试点情况的中期报告［J/OL］.（2015-11-03）［2020-07-03］. http：//www. npc. gov. cn/npc/xinwen/2015-11/03/content_1949929. htm.

③ 习近平在中央政法工作会议上强调　全面深入做好新时代政法各项工作　促进社会公平正义保障人民安居乐业［J/OL］.（2019-01-17）［2020-07-03］. https：//tv. chinacourt. org/33727. html.

④ 傅玲静. 由行政之参与论许可程序中迅速原则之实现——以德国联邦行政程序法为中心［J］. 中原财经法学，2004（12）：8.

一、构建快办程序可以有效提升政府的治理效能

快办程序是对行政案件进行繁简分流的重要机制，是在原有的当场处罚案件与普通案件区分的基础上，对适用普通程序的行政案件作了进一步的繁简区分。对行政处罚案件进一步繁简分流不仅有利于实现行政资源的精细化配置，也有助于限制执法机关的时间权力，使当事人尽快拥有稳定的法律状态。

（一）快办程序能够精细配置执法资源

依照法经济学的理论，执法活动将为社会供给相应的公共产品，而公共产品的生产一方面需要公共资源为其支付相应的成本，另一方面需要公共产品的直接获取者即案件当事人支付一定的成本。由于公共资源与当事人资源均存在有限性，因此执法成本与公共产品的经济性成为执法活动追求的价值之一。在不经济的执法活动中，要么会使公共支出过高，导致执法活动不能生产足量的公共产品以满足政府治理的实际需求；要么会使当事人支付过高的参与成本，使资源有限的当事人难承其重；或者，公共产品生产的质量低下，不能满足社会对其的质量要求。前两种情形会造成公共产品供给的不平等，第一种是形式上的不平等，第二种则是实质上的不平等。而第三种情形则会造成公共产品供应的无效性。因此，如何经济地供给公共产品不仅关乎执法活动的实际社会效果如何，也会影响社会分配公正的实现。

公安机关长期面临执法资源有限与执法任务过载的现实张力。对于如何解决"案多人少"的难题，诸多学者认为，应在警务编制无法实现大规模扩张的情况下努力实现警力的"无增长改善"，[①] 所谓"无增长改善"，是指"通过挖掘内部潜能、改革警务机制等方式，实现警力的增值扩

---

① 解源源，史全增. 基层公安机关警力不足的类型化分析及改革路径［J］. 中国人民公安大学学报（社会科学版），2014（04）：40；黄新春. 论警力资源的科学配置与使用［J］. 公安研究，2009（02）：70-74.

张"。① 程序简化是实现警力"无增长改善"的重要举措，通过对办案环节的优化以及对行政方式的科技革新，在减少执法人员工作量的同时提升办案效率。在 1996 年的《行政处罚法》中，我国为实现执法资源的合理分配，设立了相对简化的当场处罚程序，但当场处罚程序只针对违法事实确凿且罚款数额较小的行政案件，适用范围较为有限。在执法实践中，大量事实清楚的行政案件适用普通程序办理也造成了执法资源的过多投入，影响了警力资源使用的效能。而快办程序正是通过在简单案件中节约执法资源的投入，实现了警力资源的精细化配置，进而缓解任务过载与执法资源有限的张力。

第一，快办程序删减了非必要的程序流程，减少了执法人员的工作量。由于行政处罚是具有侵益性的行政行为，因此行政案件的办理需要遵循严格的法定程序，对案件事实进行充分调查，准备详尽的证据与文书材料，以准确发现违法事实以及避免执法人员滥用职权。而为了约束权力与查明事实，行政处罚普通程序构造了相对完善的监督制约体系，执法人员的每个程序步骤既要受到监督又要留痕存档，无形中增加了权力运行的层级、环节和文书数量，进而使信息在执法过程中流通迟缓，降低了执法人员的灵活性与反应速度。② 在事实清楚的行政案件中，执法人员绝大部分的办案时间用在了案卷的制作上。尽管对权力的引导和监督必不可少，但其造成的程序肿胀同样值得警惕，尤其是因程序过于严格而生成的程序的"非增值环节"③ 严重浪费了执法资源，比如对执法过程的重复记录、对处罚决定绝对准确的追求以及对权力运用的多层审批等问题。由于在事实清楚且当事人认错认罚的行政案件中，违法事实易于查明，执法人员滥用职

---

① 赵旭辉. "警力无增长改善论"溯源、比较和启示 [J]. 铁道警察学院学报，2015（05）：97.

② 曹力伟. 警力"无增长改善"途径探析 [J]. 公安研究，2011（03）：87.

③ 有学者认为"非增值环节是那些对满足公众需求没有贡献的活动，比如活动的等待、文牍旅行、信息传递、重复的活动、反复的审核等"。参见赵豪迈. 电子政务对传统政府业务流程的改善和政府业务流程再造 [J]. 电子政务，2007（06）：44.

权与错误适法的违法风险较小，① 因此没有必要对执法人员的每个"动作"都进行过分的规制。快办程序就通过对程序流程的优化，将程序中的重复性工作、非必要工作进行了合并与删除，使其步骤更加节约，文书材料大量减少。

第二，快办程序通过行政方式的革新，节约了执法资源。除了对程序过程进行优化设计之外，快办程序还对部分行政方式进行了科技革新，并通过行政方式的革新降低了执法人员的工作量。其中较为重要的措施是以录音、录像方式替代纸质笔录的制作。根据某省公安厅对公安民警的调查，执法人员平均的笔录速度为 23.7 个字每分钟，最慢的只有 3.6 个字每分钟，② 而录音、录像方式的录入速度是其笔录速度的 2~3 倍，且无须执法人员手动输入。电子送达方式的应用也极大地减少了执法人员在送达过程中的工作量。除此之外，烟台市通过信息技术的应用，为快速办理程序的当场办理提供了扎实的技术支撑。该项技术若应用于海上执法，会极大地节约执法资源的投入。在海上行政处罚案件中，案发地点多在海上，海警机构须依赖船舶或飞行器往返案发地点，船舶与飞行器的耗油量极高，每次出警耗费的油、气费用少则几千元，多则数万元。因此，如果按照行政处罚的普通程序将违法嫌疑人带回海警工作站再进行询问调查，则会造成人力资源与物力资源的大量消耗。可见，快办程序通过行政方式的技术革新，保障了警力资源的合理使用。

第三，快办程序保障了行政管理秩序能够得到及时有效的恢复，稳定了社会主体的行为预期。保障稳定的行政管理秩序是行政处罚权供应的主要公共产品。行政处罚权是带有强制性的行政权力，其通过恢复被违法行为破坏的行政管理秩序以保障公共利益的实现。当违法行为使行政秩序出现混乱，社会活动就有可能出现短暂的静止，并等待秩序复原。此时行政

---

① 王嘉玲. 同步录音录像条件下的"单警询（讯）问"试点改革 [J]. 江西警察学院学报，2016（05）：44.

② 华乃强. 基层公安民警休息权益保护与科学用警 [J]. 公安学刊，浙江公安高等专科学校学报，2005（06）：6.

处罚权运作的效率就直接影响了市场与社会活动的效率。对于市场主体来说，其无疑希望在一个高效的制度环境中配置自己所掌握的资源,① 故而以营商环境建设为核心的制度竞争正在日益加剧。② 从世界银行公布的营商环境的评价指标来看，速度已经成为好的营商环境的重要标准。③ 快速、简捷的营商环境正在成为对国际生产要素更有吸引力的市场选择。而行政管理秩序的稳定则是资源能够得到有效配置的基础的外部环境，当一个国家或城市的行政管理秩序在被破坏后迟迟不能得到恢复，则资源就难以在稳定的外部环境中运作，其自然不能形成最优的生产效率。尤其在"案多人少"的现实境况下，精准、高效地分配执法资源是实现公共利益最大化的有效方式。德国在实现统一之后，为了在人、财短缺的情形下尽快完善东德地区公共设施的建设，也将行政程序之加速作为修法与改革的重点内容。④ 对于参与行政处罚程序的当事人来说，如果行政处罚程序延宕迟缓，行政机关久议不决、久拖不决，那么行政相对人的法律关系则会长时间处于不确定状态。法律状态的稳定是市场主体与社会主体从事社会生产与参与社会竞争的基础条件，若是缺少稳定的法律关系状态，那么社会主体的社会活动就没有稳定的法律预期，从而造成交往成本的提升，间接影响了市场与社会的活力。以从事海上生产作业的主体为例，其生产作业成本较高，生鲜产品保质期短，如果陷于过于冗长的行政处罚程序，必然使生产与销售活动停滞，造成处罚结果之外的大量损失。

（二）快办程序可以实现权力的公正行使

在行政处罚程序中，时间权力会与国家强制力结合，执法机关要求当

---

① 张小蒂，王焕祥. 制度竞争：从比较优势到竞争优势［J］. 学术月刊，2003（09）：19.

② 李军鹏. 十九大后深化放管服改革的目标、任务与对策［J］. 行政论坛，2018（02）：11.

③ 在 12 个事项指标中，开办企业、办理建筑许可、获得电力、登记财产、纳税、跨境贸易、执行合同、办理破产、政府采购 9 个事项的时间均是衡量营商环境的重要因素。

④ 傅玲静. 德国联邦行政程序法之改革——浅谈行政程序迅速原则［J］. 中原财经法学，2004（06）：7.

事人履行义务与承担责任的同时，也会伴随着时间利益的耗损。过长的程序时间与较少的时间限制，实则使执法机关拥有了较大的权力行使的裁量权，在加速社会中，当事人的时间权利会在其权利谱系中具有越来越重要的价值权重，执法机关的时间裁量权如果不受到限制，则对公民权利损害的风险将随着社会速度的提升而不断提高。由此可见，程序的拖延不仅是对当事人时间诉求的漠视，更是为执法机关创制了对当事人进行时间宰制的权力。"迟来的正义非正义"，这句著名的法谚蕴含着对时间权力予以限制的含义。公正的一个重要面向则是对强权的限制，使之不能肆意、非理性、不受任何限制地采取行动，因此，任何权力的行使必然要受到限制，不受限制的权力则有滥用的风险。时间权力同样如此，不受限制的时间权力不仅可以支配当事人的行动，还会使当事人处于长期不稳定的法律状态之中，使当事人在加速社会中支付高昂的机会成本。

对执法机关时间权力进行限制的最有效方式是对程序的时限进行限制，新修订的《行政处罚法》对办案期限的规定就是典型的例证。《行政处罚法》修订前，法律层面没有对行政处罚的办案时限作出明确的规定，因此也成为执法机关滥用权力的制度漏洞。有学者观察到，在缺失办案时限的情况下，执法机关存在官僚主义、运动式执法、拖延执法的问题。[①]而这些问题的存在皆是时间权力没有被合理约束的后果。不仅办案时限的缺失会为权力滥用留下空间，办案时限设置不合理也会赋予执法机关过大的裁量权。虽然新《行政处罚法》将普通程序的办案时限限定在了 90 日，但对于大量事实清楚的行政案件来说，90 日的期限显得过于冗长，因此其仍然为执法机关保留了大量的时间裁量权。快办程序将行政案件的办理时限限定在了 48 小时，极大地缩短了办案时限。办案时限的缩短，一则是由于科技与管理技术的改进使单个程序步骤的时限缩短；二则是对步骤间隙的压缩，使案件办理的节奏更加紧凑。案件办理节奏的紧凑，使得执法机关在规定时间内必须完成行政案件的办理，其原本宽泛的时间权力转化为

---

① 沈福俊，崔梦豪. 行政处罚处理期限制度的反思与完善——以潘龙泉诉新沂市公安局治安行政处罚案为切入点 [J]. 北京行政学院学报，2019（02）：87.

了当事人的时间权利。2020年，衢州市公安局要求扩大快办程序的适用范围与适用比例，笔者在调研中发现，快办程序的扩大适用不但没有减少公安民警在工作中的压力，反而使其觉得工作强度被进一步提升了，原本能"拖一拖"再办的案件，现在必须加紧办理。可见，快办程序对程序的加速有效地限制了执法机关的时间权力，回应了公民的时间权利诉求。

二、程序加速范围的有限性决定了繁简分流的精细化

尽管程序加速能够节约执法资源并回应当事人的时间权利诉求，但并不说明可以对普通程序进行全面加速，使快办程序完全替代普通程序。其一，无论扩大简易程序的受案范围还是对普通程序进行全面加速，都会使复杂性的控制与执法资源的投入不相匹配，影响治理效能的实现；其二，行政处罚程序所处的时间结构也会对程序的加速范围有所限制，即在现有的时间结构之下，行政处罚普通程序不可能全面实现快办程序的程序速度。因此，虽然适当扩大简易程序的范围与在普通程序中适用新的技术手段能够使行政处罚程序的速度有所提升，但仅通过对现有程序的改造，只能使程序在小范围内实现加速，不可能全面提升行政处罚程序的效能。故而，只有对行政处罚程序做进一步的繁简分流，才能够实现执法资源配置的精细化，进而满足治理现代化的需要。

（一）对现有程序改造无法实现繁简分流的精细化

程序加速的重要目的之一是要使有限的执法资源满足不断扩张的执法任务需求。即通过程序的简化，使执法资源能够在事实清楚的案件中得到合理配置，并将节约的资源投入新增执法任务与重点执法任务之中。如果减少所有执法任务的资源投入，虽然能够使执法机关完成更多的执法活动，但重大复杂事项却得不到有效处置。对重大复杂事项处置能力的降低，必然会使不确定性随着时间向未来转移，并可能形成范围更广、影响更大、不确定性更高的社会风险。因此，程序的简化与加速应当与案件办理所需的实际资源相匹配，而并非单纯为了资源的节约。无论是全面扩大简易程序的适用范围，还是对普通程序进行全面简化都无法满足治理效能

的要求。同理，如果将原本更为简易快速的程序进行复杂化改造，使其有能力处置原由普通程序办理的事实清楚的案件，则原本简易案件的办理成本又会上升，使执法资源的配置无法达到最优效果。因此，对简易程序的复杂化改造同样不能实现资源配置的最优化。综上，执法资源的精细化配置，必然要求资源配置方式的多元化。

（二）程序加速范围受到时间结构的限制

时间作为一种影响社会行动的参照框架，是社会子系统和系统要求之间相互协调、相互融合的中心地点。① 在习惯、文化与法律制度的共同作用下，时间参照会形成相对稳定的时间结构，在时间结构不发生改变的情形下，一个行为过程的加速并不会在短时间内推动其余过程速度的提升。行政处罚程序嵌入在法律系统的结构之中，与其他的程序过程有稳定的时间参照，自身的加速并不必然改变原有的时间结构。因此当快办程序只提升执法机关自身程序的速度时，其他程序仍然保持着原有的时间期望。当快办程序需与其他程序过程配合行动时，仍要以原有的时间参照作为行动期望，否则就会出现速度差异导致的运作摩擦，甚至出现制度运转的混乱。综上，快办程序在选定适用范围时，要考虑其他与之相关程序的运作速度，只有当程序加速不会带来时间参照的不一致时，其在加速的同时才能够实现程序衔接的顺畅，而不致被迫"刹车"与"停滞"。②

快办程序为了追求案件办理的速度，一般要求案件应在 48 小时内办结，个别地区要求快办程序在 24 小时内办结案件，③ 若案件在规定的时限内不能办结，则将对其采用普通程序办理。如果快办程序在运行中需要求助于其他程序的配合，则其他程序的处理时限需与快办程序的时间参照一致，如果其他程序的速度过慢，则快办程序仍需等待原有时间参照时刻的

---

① ［德］哈尔特穆特·罗萨. 加速：现代社会中时间结构的改变［M］. 董璐，译. 北京：北京大学出版社，2015：7-8.
② ［德］哈尔特穆特·罗萨. 加速：现代社会中时间结构的改变［M］. 董璐，译. 北京：北京大学出版社，2015：101.
③ 嘉兴市公安局《全市公安机关行政案件快速办理实施办法（试行）》第 6 条规定："一般在违法嫌疑人到案后 8 小时内办结，特殊情况下不得超过 24 小时。"

到来，从而使自身的加速失去意义。比如涉及恐怖主义的行政案件，依据《反恐怖主义法》第 13 条的规定，对恐怖主义的认定需要向国家反恐怖主义工作领导机构提出申请，而且被认定人员还可以提出复核申请，而认定与复核都无法在短时间内完成，该类案件就无法适用快办程序。再如对于需要伤情鉴定的案件，鉴定结果一般也需两个工作日以上才能获取，即便《程序规定》第 165 条规定，鉴定时间不计入办案期限，但其仍然在客观上要求快办程序原地等待速度较慢的程序。因此，在快办程序加速深度一定的情形下，其加速广度的设定需要将其他程序的规范性期望作为必要的制度前提。

第二章 快办程序构建的现实逻辑

　　快办程序的理论逻辑表明，在社会加速的背景之下，构建行政处罚的快办程序能够有效提升行政处罚活动的效能，进而有助于政府治理现代化的实现。然而，快办程序制度的构建不仅要论证其必要性与必然性，还要考察其是否具有构建的可行性。对快办程序构建可行性的考察，则要从理论视野回归到快办程序生成、发展与普及的制度实践。"案多人少"是公安机关长期面对的现实问题，在公安机关警力缺失的情形下，大量的治安案件得不到及时处置，调解结案成为治安案件处置的主要渠道之一。即便如此，公安民警仍然承担着超负荷的工作压力。破解"案多人少"的难题，也成为快办程序得以创建与试点的直接需求。解决"案多人少"的问题，需要减少在单个案件中投入的人力资源，减少案件办理工作量是减少资源投入的有效方式之一。执法人员工作量的减少可能意味着办案质量的降低以及对权力约束的放松。如何在减"量"的同时不降"质"是快办程序构建面临的矛盾，科学技术的发展为质量兼顾的程序构建提供了技术的支撑。现实需求与技术支持为快办程序的试点创造了条件，快办程序的试点过程也为制度设计提供了有益经验。但快办程序若要成为行政处罚的法定程序，则必须被写入《行政处罚法》，成为除简易程序、普通程序之外的第三类行政处罚程序。从《行政处罚法》现有的规定来看，其为快办程序入法保留了相应的制度空间。

第一节　解决"案多人少"的难题是制度构建的现实需求

　　尽管我国的社会治安逐渐向好，但每年的案件数量仍然居高不下。近五年来，我国公安机关每年受理的治安案件均在 1000 万起左右，查处办理的案件在 900 万起左右。[①] 加之公安机关还担负着刑事案件办理、安全保卫、社会维稳与社会服务的任务，因此处于高负荷的工作状态。根据学者的调查，人民警察一年的工作量相当于其他公务员两年半的工作量。[②] 除此之外，由于公安机关肩负着维护公共安全与社会稳定的重要任务，因此其除处置法律法规规定的警务活动以外，还要应付可能引发警情的非警务活动。可见大量的工作任务使公安民警基本处于常态化的应急状态，拼时间、拼消耗、拼健康已经成为公安民警应对过载任务的主要方式。[③] 有学者在对基层派出所民警进行心理测试时发现，某省的基层派出所民警处于较大的工作压力之下，有 84.75% 的民警承担着"较重"或"非常重"的工作量，而沉重的工作负担使其疲惫不堪。[④] 在执法人员有限的时间和精力之下，任务过载一则会导致执法任务只能被有选择地完成，大量案件被长期积压，无法得到有效处置；二则会导致长期处于重压之下的执法人员出现严重的职业倦怠现象，进而影响其工作能力与工作热情，[⑤] 并最终使执法效率进一步降低。

　　在任务过载与警力有限的情形下，公安机关的案件办理存在两个明显

---

　　① 数据来自国家统计局网站：http：//www.stats.gov.cn/tjsj/ndsj/。

　　② 田秀然，于学忠. 人民警察合法权益保障问题的调查与分析 [J]. 当代法学，2011（06）：154.

　　③ 寿远景，王建. 公安机关执法规范化建设研究 [M]. 北京：中国人民公安大学出版社，2013：166.

　　④ 叶剑波，段水莲. 公安民警压力源调查与疏导 [J]. 湖南警察学院学报，2011（02）：136.

　　⑤ 姚晓君. 公安派出所民警的工作压力与职业倦怠的相关分析 [J]. 湖南警察学院学报，2019（04）：117.

现象：第一，治安案件的破案率较低。相较于社会危害与社会影响更大的刑事案件来说，我国治安案件的破案率一直处于较低水平，根据相关调查，广州市某分局对于入室盗窃案的破案率仅有10%，[①] 案件立而不破成为派出所工作的常态。案件立而不破的重要原因是治安案件调查的成本远超出派出所拥有的执法资源，若治安案件的违法嫌疑人不明确，则查明与抓捕违法嫌疑人的成本更高，此类案件的破案率更低。在破案率不高的情形下，公安机关只能通过提高出警率以改善治安效果与提升群众的满意度。非警务活动出警率的增加又致使公安机关本就有限的执法资源被"稀释"。第二，治安调解成为案件处置的重要渠道，根据学者对某派出所的调查，该派出所中以调解方式结案的案件达到了案件总量的80%。[②] 还有些派出所单月案件的调解数量达到案件总量的94.6%。[③] 治安调解的大量应用，一则是由于调解程序的规范性较低，执法机关可以利用对调解活动的监督不足，以强制调解、欺骗调解等"和稀泥"方式解决纠纷，[④] 而不是依法履职，对案件事实进行调查。二则是由于公安机关可以将纠纷解决的成本向当事人转移。在治安调解的实践操作中，当事人的自主协商是程序的主要内容，而协商的过程则主要由当事人支付程序成本，如果协商不成，则当事人需要一直支付程序成本，当其难以负担程序成本时，便会作出妥协达成调解协议。"案多人少"的问题不仅使案件办理的质量下降，而且使法律执行出现了异化。可见，"案多人少"的窘境使公安机关有了构建快办程序的直接需求。

---

① 黄达钊. 公安派出所破案率的影响因素及其提升策略 [D]. 吉林：吉林大学，2017：1.

② 董少平，李晓东. 治安调解的现实困境与机制优化 [J]. 中国人民公安大学学报（社会科学版），2021（04）：112.

③ 周依苒. 治安行政案件办理中规范化问题实证探析 [J]. 湖南警察学院学报，2017（06）：29.

④ 孟昭阳. 治安调解存在的问题与制度完善 [J]. 中国人民公安大学学报（社会科学版），2009（01）：52.

第二节 科技发展为快办程序提供了技术支持

程序精简固然是节约执法资源的有效途径，而如何在实现程序简化的同时，保持程序的原有功能不被减损是快办程序构建需要解决的重要问题。从快办程序的制度实践来看，主要通过三种方式实现了程序的加速，一是缩短单个程序步骤的时间；二是对程序步骤进行删减；三是压缩程序步骤之间的间隔时间。压缩程序步骤之间的间隔主要通过"结果导向"的方式予以实现，即对办案时限进行限定，使执法机关在办案过程中不能出现拖延与懈怠。而缩短单个程序步骤的时间与对程序步骤进行删减，则需要科技的应用为其提供基础性的支持。科技不仅以快捷、廉价的方式替代了缓慢与高成本的方式，还创新与丰富了对执法过程的监督手段，使程序在简化的同时，权力的监督没有被削弱。

一、技术发展使程序加速成为可能

在信息技术快速发展的今天，行政活动的数字化变革正在悄然进行，科技越来越多地介入行政信息收集、传输与分析的过程之中。科技发展虽然是社会不确定性增长的主要动力，但其也同样使政府的管理能力得到了极大提升，从工具理性的视角来看，机器对人的替代，不仅使执法资源的投入减少，而且使行政过程更加稳定，因此其能够缓解科层制"案多人少"的通病。也正是由于科学技术对执法装备的升级，行政处罚程序才拥有了创新的空间，快办程序的加速也才成为可能。

第一，科技发展最先提升了信息传输的速度。时空距离的压缩是科技发展对执法程序带来的最重要与基础的变革之一。哈维将时空压缩定义为"花在跨越空间上的时间缩短了，空间像是收缩成了远程通信的一个'地球村'"。① 时空距离的缩短当然离不开运输工具和通信工具的科学进步，

---

① ［法］戴维·哈维. 后现代的状况——对文化变迁之缘起的探究［M］. 阎嘉，译. 北京：商务印书馆，2013：300.

人类从马背时代到飞机时代，从电话时代到信息时代，空间距离的感知已经逐渐被时间长短的感知替代。随着信息传输的空间距离的消弭，行政程序也有了加速的基础。"政府上网"为行政机关之间、行政机关与公民之间的信息交换提供了基础设施，信息的传递逐渐从线下转到线上，基于信息线上流转的行政方式开始出现。在快办程序中，电子送达、交通违章异地处理以及通过移动终端进行陈述与申辩等新的行政方式，都是信息传输速度加快的典型例证。

第二，科技发展提升了信息采集的速度。在信息传输速度得到提升的基础上，信息收集频率与录入效率也随之提升。行政处罚决定是基于已收集的违法信息作出的，信息收集与录入的效率直接影响了行政处罚决定的数量以及行政处罚过程的快慢。"电子眼"是较早应用于行政处罚程序的信息收集设备，其对违法信息的采集效率明显高于现场的执法方式。在"电子眼"得以应用后，交管部门查处的交通违法数量大幅提升，在一定意义上推动了交通行政处罚程序的便捷化改革。在快办程序中，信息采集速度的提升主要依赖于以录音、录像取代纸质材料的制作，相较于制作纸质材料，录音、录像方式不仅对同一信息的录入更快速，而且也能够减少信息在不同材料中的重复制作，使材料合并与程序删减成为可能。

第三，科技发展提升了信息的分析速度。行政处罚决定的作出不仅取决于执法机关在执法过程中采集的信息，还依赖于其对信息的分析与处理能力。"电子眼"的应用使非现场执法成为可能，非现场执法最初只是信息采集速率的提升，而对信息的处理仍然需要人工完成，但随着违法识别系统的应用，科技参与进了对违法行为的分析认定过程，执法部门的信息分析效率大幅提升。科技不仅满足于改善信息的采集与传输速度，还正在提升信息的分析效率。随着数字技术的快速发展，以无人审批为代表的自动化行政过程正在逐渐兴起，并且不排除完全由人工智能作出行政决定的可能。① 当然，科技对信息分析能力的改进并不只依赖于数字技术的应用，

① 展鹏贺. 数字化行政方式的权力正当性检视 [J]. 中国法学，2021 (03)：122.

生物、医疗等领域的科学进步同样能够提升执法机关的信息分析能力，比如在行政处罚程序中常用到的酒精测试仪器以及毒品化验尿检试纸，都使原本须在医疗机构才能分析的生物指标可以在办案机关快速得出分析结果。当前，虽然快办程序的制度实践中没能着重体现科技对信息分析能力的提升，但随着科技的进步以及社会速度的提升，更快的信息分析技术是否能够成为快办程序进一步加速的技术基础也未尝可知。

二、技术发展提升了权力监督的有效性

科技不只是提升了程序速度，还成为权力监督的重要工具。也正是由于技术应用提升了权力监督的有效性，一些原有的发挥监督功能的程序步骤才成为冗余与重复的程序过程，快办程序也才能够通过程序精简实现程序加速与执法资源的节约。如上所述，科技提升了信息的收集、传输与分析效率，而执法机关在执法过程中的信息是对其实施有效监督的基础，技术革新使执法信息的记录更全面、管理更规范、公开更充分。

第一，科技应用使执法信息的记录更全面。以录音、录像逐步取代书面文书的制作是用科技强化监督的重要体现。文书材料的重要功能之一是对行政过程进行记录留痕，以确保行政执法活动符合规范性要求，实现对权力运行的有效控制。科层制的典型特征是尽可能地消除行政过程中的不确定性，因此文书材料的制作成为实施权力控制与监督的主要手段。随着不确定性的增长与权力控制的强化，执法过程需要制作的文书材料越发繁复，甚至出现了制度异化，以文书监督文书的现象尤为明显。比如，传唤证是对违法嫌疑人进行传唤的法定文书，其本身具有法律效力，而为避免传唤措施的滥用，传唤需要获得办案机关负责人批准，对批准行为的证明同样需要以相应的文书为证据，即呈批表及负责人签字。同样，在询问当事人的过程中，当事人要在权利义务告知书、饮食休息登记表等多个文书上签字，才能证明合法权益受到了保障。作为权力控制手段的文书记录越来越繁复的重要原因之一，是文书对信息的记录不完整，且具有高度造假性的可能。但录音、录像能够实现对执法过程的全面记录，通过录音、录

像可以对执法过程进行客观、丰富、动态地呈现,[1] 使执法过程中的"形、象、感、情、性、质"[2] 得到充分反映。因此其直观地再现执法场景,不仅使监督更加有效,而且也避免了文书监督的自我"膨胀"。

第二,科技应用使执法信息管理更规范。执法信息的规范管理能够使执法监督更智能与精准。案件数量的增长不仅造成执法资源的紧张,也同样增加了监督资源的消耗。在监督资源有限的情形下,执法信息的规范管理无疑有助于监督的精准高效。数字技术将执法数据与电子平台进行了结合,凡是留痕的数据皆可实现网上管理与网上监督,通过对执法大数据的分析、分类与研判,监督部门能够快速发现执法异常数据,并采取相关措施。[3] 某地公安机关的信息管理系统可以对执法过程进行实时监督,并对执法信息数据的异常自动分类与报警。[4] 第三,科技应用使执法信息的公开更充分。执法信息公开是公众对执法过程实施监督的必要前提。科技发展不仅使信息的发布更加及时,而且随着移动终端与互联网平台的深入互动,执法信息的检索、查询与传播也更加便捷、迅速。

第三节　试点实践为程序构建提供了制度经验

科技的发展为程序加速提供了技术支持,但科技仅是工具而非快办程序的全部,程序加速的实现还要依赖于快办程序的具体设计,即快办程序要借助科技应用完善自身的程序内容,缓解执法部门执法资源有限与执法任务过载的张力。快办程序的设计并不是一蹴而就的,既需要在试点过程中不断对程序过程进行创新,也需要对执法实践中的缺陷和不足作出修正

---

[1]　白冰. 搜查、扣押同步录音录像制度的功能及其实现 [J]. 法学家,2021 (04): 63.

[2]　李玉鹏. 论全程同步录音录像代替笔录固定口供 [J]. 证据科学,2009 (05): 622.

[3]　北京市海淀区司法局课题组. 行政执法"三项制度"的数字化发展探析 [J]. 中国司法,2021 (11): 58.

[4]　梁卫,陈光晨. 关于执法记录仪在交警日常工作中的应用思考——以青岛交警执法记录仪信息管理系统为视角 [J]. 电子世界,2016 (10): 58.

与完善。快办程序的试点实践表明,其已经形成了可以产生良好治理效能并可供参考的制度样本。

一、试点实践创新了程序的加速方式

2012 年浙江省公安厅发布《关于优化行政案件办理程序若干问题的意见(试行)》,标志着行政处罚快速办理程序的试点工作正式开始。该文件对公安机关行政案件的办案程序作了 7 个大项,共计 28 个小项的简化创新,[①] 旨在解决案件办理过程中手续烦琐与文书信息重复的问题。因此,其主要的精简措施是省略对案件结果无影响的流程、简化文书的制作与优化审批的步骤和方式。首先,尽管充分的案件调查有利于案件事实的准确认定,但并非所有的调查步骤都对案件结果有实际影响,有些调查信息对案件认定的事实来说是无效信息与冗余信息,比如对避孕套、砖头等无价值物的扣押与没收,对已确定违法嫌疑人的辨认,对无明显痕迹的现场进行勘查等。上述调查过程虽可以丰富事实材料,但事实材料的丰富与执法资源的投入相比却是不经济的,因此对这些程序过程的简化,可在不影响案件事实认定与当事人权利保护的基础上实现执法资源的节约。其次,虽然对执法过程的记录是对权力行使规范与监督的必要举措,但也并非所有的办案过程都需要单独制作文书说明,有些案件信息在办案过程中已经得到记录的,则没有必要再制作文书对其说明。最后,在执法实践中,由于办案机关负责人不可能时时处于"审批待命状态",因此以呈批表进行的事前审批几乎被架空,审批表多是在办案机关负责人知情的情形下由办案人员代签。因此将呈批表审批改为口头审批,并事后由负责人签字留痕,能够使审批流程更便捷。

2016 年,浙江省公安厅在《关于优化行政案件办理程序若干问题的意见(试行)》的基础上颁发了《浙江省公安机关行政案件快速办理工作规定(试行)》,对快办程序的内容作了进一步的创新。最为重要的两项加

---

① 参见《浙江省公安厅关于优化行政案件办理程序若干问题的意见(试行)》(浙公通字〔2012〕129 号)。

速创新，一是降低了案件办理的证明标准，即使用关键证据相互印证的标准取代了全面收集案件证据的标准。证明标准的降低是基于 2012 年文件中对部分程序流程省略的系统归纳，将省略步骤的列举进一步概括为对案件事实调查程度的限制。通过概括性标准的设置既赋予了执法机关更多的调查环节省略的裁量权，也为调查步骤的省略提供了底线标准。二是增加了录音、录像设备在执法过程中的应用。录音、录像对纸质文件的替代，减少了执法人员的实际工作量。

除了浙江省对快办程序不断进行的探索与创新外，各地公安机关也都在不同方面对快办程序的加速形式进行了创新，其中较为典型的是烟台市公安局对快办程序所作的创新。烟台市公安局专门开发了速裁程序 App，办案民警可以通过 App 实现案件的现场办理。执法 App 能够针对案件类型，为执法人员智能化地提供询问模板并实时记录执法过程，在询问录像传至云端后，法制部门便会收到提醒，既可以对上传录像进行核查，也可以直接对现场情况进行连线，并提示执法民警办案风险。由于 App 的应用，公安民警的现场执法成为可能，因此烟台市公安局还实施了办案场所的改造，将执法车辆改成了办案场所，使一般案件当场即可生成处罚决定。

二、试点实践检验了程序的适用效果

快办程序的试点在创新程序加速方式的同时，也检验了快办程序的适用效果。首先，快办程序在试点过程中不断对程序实践中的问题进行完善。实践是检验程序有效性的重要标准，快办程序多轮多地的实践就是要使程序设计的问题得到充分暴露，并在制度构建时予以修正。如 2012 年试点之初，快办程序可以应用于浙江省公安机关办理的全部案件，在适用过程中，公安机关反映，程序的简化可能造成当事人权利受损，案件得不到准确办理，因此程序简化不是目标，繁简分流才应是快办程序要实现的制度功能。① 针对实践中出现的问题，2016 年的新规范即对快办程序的适用

---

① 苏艺．论行政案件快速办理程序的构建——以《行政处罚法》的修改为契机 [J]．行政法学研究，2019（05）：75.

范围作出了规定与限制，仅将快办程序适用于事实清楚且当事人认错认罚的案件。其次，试点实践对程序适用的整体效果进行了检验。根据烟台市的统计，快办程序的适用不仅使大量案件的办案可在 30 分钟以内完成，极大提升了执法效能，而且还使案件的监督资源节约了 70%以上。[①]快办程序在浙江的试点同样取得了良好的执法效果。不仅将大量案件的办案时间控制在 24 小时以内，而且适用快办程序的案件几乎实现了零复议与零诉讼。2016 年，快办程序被公安部评为第三批在全国推广的优秀执法制度。可见快办程序在不断完善自身的过程中，使政府治理效能得到了有效提升。

第四节　《行政处罚法》为快办程序构建提供了制度空间

　　快办程序带来的程序加速虽然为政府治理效能的提升创造了理论可能，但若要使快办程序在实践中发挥其效能潜质，则需要对其进行法治建构，使其成为行政处罚的法定程序。"人治"与"法治"是国家治理中最常用的两种治理模式，"法治"是依靠规则开展的治理，相较于依赖于个人意志的人治，依法而治更可靠也更稳定。法律法规是各类制度最重要的具体表现形式，严格落实法律法规的各项要求，是制度得以有效执行的最基本保障。政府治理现代化就是要求政府治理的科学化、程序化与制度化，而科学化、程序化与制度化皆是为了避免政府在制度执行过程中的随意性与盲目性，使其面对问题有章可循、有规可依，以最大化地实现治理理性和保障权力运行的可靠性，进而使制度优势充分转化为治理效能。习近平总书记指出"人类社会发展的事实证明，依法治理是最可靠、最稳定的治理"。[②]韦伯认为，科层制是最有效率的组织形式，[③]因为其具有依

---

　　① 参见《烟台市公安局互联网+行政速裁案件办理机制》。

　　② 习近平. 在庆祝澳门回归祖国 15 周年大会暨澳门特别行政区第四届政府就职典礼上的讲话［N］. 人民日报，2014-12-21（002）.

　　③ 丁煌. 西方行政学说史（第三版）［M］. 武汉：武汉大学出版社，2017：62.

规办事、非人格化的组织特征。① 在官僚制组织中，专业知识居于中心地位，组织人员的任何操作都可以找到相应的依据作为指引，因此其自然能够表现出精确、迅速、节约、协调、统一等高效率的优势。进入新时代以来，由于利益格局的深刻变动，原被普遍认同的道德观念基础出现松动，加之人民群众的法治观念、权利意识、维权动力普遍增强，② 依法而治已经具有了较为坚实的社会根基，法律的执行阻力最小，动力最强。政府治理现代化的实现必然要求依法治理能力的提高。当前，快办程序虽然在《海警法》中得到了规定，但大量的程序规定仍然散落在规章之中。由于缺少高位阶的基础性规范，快办程序的制度规定在制定与执行过程中可能出现非理性的特征，甚至使快办程序失去科学性的基础。不仅如此，由于作为行政处罚基本法的《行政处罚法》没有对快办程序作出规定，因此其他法律与规章对快办程序的设计只能在《行政处罚法》的制度框架下对程序进行细化与改造，而难以形成对现有程序的制度突破，这也是现有快办程序制度只能定位于普通程序的特殊形态的原因。因此，若使快办程序能够充分实现程序的治理效能，不断适应社会加速的现实需求，则需在《行政处罚法》中确立快办程序的制度定位，使之成为介于普通程序与简易程序之间的处罚程序。而快办程序能否入法，则要看《行政处罚法》是否为快办程序提供了制度空间。

一、简易程序对案件繁简分流的不充分

在《行政处罚法》出台以前，简易程序就已经在各领域、各地区的执法实践中得到了广泛应用，1996 年的《行政处罚法》对简易程序进行了统一规范。在简易程序立法之初，有学者就对其存在的客观基础进行了说明：简易程序首先是对行政执法权特性的反映，通过程序的简化、成本的降低保证了行政执法效率价值的实现；其次是实现案件繁简分流的要求。

---

① ［美］安东尼·唐斯. 官僚制内幕［M］. 郭小聪，译. 北京：中国人民大学出版社，2017：26.

② 张文显. 法治与国家治理现代化［J］. 中国法学，2014（04）：31.

简易程序能够将执法机关从烦琐的活动中解救出来，使之有足够的精力处置疑难复杂案件；最后是及时制止违法行为，并恢复社会秩序的需要。[①]笔者认为，简易程序存在的三个社会基础之间存在一定的逻辑联系，首先，及时制止违法行为、恢复社会秩序的需求有赖于执法机关有充足的执法资源对违法案件进行有效处置；其次，在执法资源有限的情形下，保障案件处置有效性与及时性的措施便是精准地配置执法资源，实现案件的繁简分流；最后，精准配置执法资源的方式是精简简易案件的办理程序。可见，简易程序的设置是现行行政处罚制度对案件进行繁简分流的关键机制。如第一章所述，在社会加速的背景之下，行政处罚活动效能的实现有赖于对行政案件繁简分流的精确性，而由于简易程序的受案范围有限，因此其难以对行政案件进行充分的繁简分流。为了适应案件繁简分流精确性的需要，新修订的《行政处罚法》也对案件进一步的繁简分流作出了努力，首先，《行政处罚法》扩大了简易程序的受案范围，将简易程序的适用扩大至"对公民处以二百元以下、对法人或者其他组织处以三千元以下罚款或者警告的行政处罚"。其次，《行政处罚法》缩减了需要法制审核的案件的范围，将法制审核的范围限缩至四类案件。[②] 尽管《行政处罚法》的修改实现了案件进一步的繁简分流，然而无论是从繁简分流的实际效果还是从进一步分流的潜力来看，仍然有必要构建快办程序以实现案件分流的充分性。

简易程序的受案范围有限。对简易程序受案范围的限制分为两部分，第一是违法事实清楚；第二是在规定的处罚幅度以内。在 1996 年立法之初，多数专家普遍认同，适用简易程序的案件一定要案情简单、事实清楚，但对处罚幅度的限制却存在一定的争议。有学者认为对处罚幅度限制得过于严格，不符合执法实际；也有学者认为，如果不对简易程序的处罚幅度作出限制，则会使罚款乱象合法化。[③] 立法最后采用了限制处罚幅度

---

① 汪永清. 行政处罚法适用手册［M］. 北京：中国方正出版社，1996：136-137.

② 参见《行政处罚法》第 58 条。

③ 全国人大常委会法制工作委员会.《中华人民共和国行政处罚法》释义［M］. 北京：法制出版社，1996：94.

的做法，将简易程序的适用控制在一定的范围内。尽管新《行政处罚法》适当放宽了简易程序处罚幅度的限制，扩大了受案范围，但简易程序的受案范围仍然有限。从立法之初的考量不难发现，虽然简易程序只能适用于事实清楚的案件，但程序的简化仍然使学者对其能否有效约束与限制处罚权力表示担忧。随着行政处罚一般程序规定的完善，简易程序也才有了扩大适用的基础。因此，可以认为《行政处罚法》对简易程序适用范围的设置以程序的充分性与对当事人权利的影响作为主要的考量要素，即对当事人权利影响越大的处罚决定越应当遵循充分的程序作出。然而，程序充分性与当事人权利保护的有效性之间却不是简单的正相关关系。当事人时间权利的现象已经说明，减少当事人参与程序的时间同样有利于当事人权利的实现，而且随着社会速度的不断加快，程序的时长将对当事人权利产生越来越重要的影响。笔者将在第三章对程序正当性标准进行论述，旨在说明当程序已实现其内在正当性后，其程序的充分性就只是其追求的相互竞争的多元价值中的一个。故而，在行政处罚的一般程序得以完善后，对当事人程序权利的保护并非简易程序受案范围的设置依据，其设置依据主要考量的是程序的成本与程序的收益。即在简单且影响较小的案件中投入较少成本，在普通案件中投入相对较多的成本。

程序繁简分流的精细化要求在成本-收益的视角下对行政案件作更精细、更充分的繁简分流，以提高执法资源的利用效率。当前，简易程序适用案件的特点是事实清楚与影响利益较小两个标准的交集。如果对事实与影响利益作一个更精细的划分，则可将影响利益划分为小、较小、一般、较重、重大；可将案件事实的清晰度划分为清楚、较清楚、一般、较复杂、复杂。若以两者的结合为标准对案件进行划分，可以分为 25 个类型，而简易程序只适用于其中的一个到两个类型，其余类型则皆需适用普通程序进行办理。但不同类型所需的办案资源是不相同的，因此使用同一类型的程序对多个类型的案件进行办理，则执法资源的配置必然是粗糙的。由此可见，简易程序没有实现对行政案件充分的繁简分流，普通程序内含的多重案件类型也为快办程序创设留下了制度空间。

二、《行政处罚法》第49条为程序加速进行了留白

新修订的《行政处罚法》虽然没有对快办程序作出规定，但其第49条却规定，在重大突发事件中，行政机关可以对违反突发事件应对措施的行为，依法快速、从重处罚。重大突发事件是区别于常规背景的特殊情形，此时的程序加速也并非将案件进行复杂与简易的区分。但其是对案件的另一种分流，即将行政案件区分为普通案件与影响突发事件应对的案件。之所以要作出此类区分，是由于在突发事件中，违法行为风险极易与突发事件的风险产生联动，并制造更大的不确定性，妨碍突发事件的应对。因此要尽快处置违法行为，恢复正常的行政管理秩序，以防范风险扩散。

虽然，程序加速的目的不同，但是程序加速即意味着程序的简化，2021年《行政处罚法》修订的一审草案第46条就曾使用"从重处罚，并可以简化程序"的规定。《行政处罚法》第49条规定"依法从快"赋予了其他法律、法规、规章对从快处罚程序的设定权。《行政处罚法》作为行政处罚的基本法应当对如何从快作出规范，而快办程序恰好可以对从快程序的设定提供制度规范。笔者认为程序简化的目的虽然不同，但两者在三个方面具有一致性：其一，对于保护当事人的合法权益，快办程序与从快程序有共同的底线遵循；其二，虽然案件分流的原理不同，但速度价值权重的提升是两者构建共同的价值基础；其三，程序简化的方式与备选加速技术的范围基本相同。因此，可以将重大突发事件中的从快处罚程序视为快速办理程序的特殊类型。故而，当需要对从快处罚程序的构建进行统一规范时，《行政处罚法》可以利用这一时机对快办程序予以规定。由此可见，从快处罚程序在《行政处罚法》中的留白，既赋予其自身试点以合法性支持，也为快办程序的入法提供了一定的机会。

第三章　快办程序构建的正当性标准

　　"立善法于天下，则天下治；立善法于一国，则一国治。"国家治理现代化的实质与重心，是在治理体系和治理能力两方面充分体现良法善治的要求。良法"应当包括内容、本质和价值三个方面的标准和要求：一是法的内容的合规律性或科学性，即符合客观规律、反映和尊重客观规律；二是法的本质的人民性，即反映广大人民意志、保障人民权利；三是法的价值的合目的性或正当性，即符合公平正义价值。良法必须是科学性、人民性和正义性三者的统一"。①"善治"可以被视为公共利益最大化的治理过程，其是治理的衡量标准和目标取向，国家治理的最佳状态就是善治。因此，良法善治应当成为快办程序构建的逻辑起点。

　　快办程序的理论逻辑表明，行政处罚程序加速符合社会的发展规律、政府的治理需要以及公民的权利诉求。然而速度是抽象的且价值单一的，而快办程序的构建则不仅是具体的，而且是价值多元的。"良法"所要求的是一个在价值上正义的程序，一个程序是否正义是其能否获得实质合法性的必要条件，"正义是社会制度的首要德性"，"某些法律和制度，不管它们如何有效率和安排有序，只要它们不正义，就必须加以改造或废除"。②而程序的简化极有可能侵害到程序的正义价值。法国思想家贡斯当就对程序的简化表示了担忧，其指出"程序构成了一道安全屏障，省略程

---

①　周佑勇. 推进国家治理现代化的法治逻辑 [J]. 法商研究, 2020 (04): 7.

②　[美] 约翰·罗尔斯. 正义论 (修订版) [M]. 何怀宏, 何包钢, 廖申白, 译. 北京: 中国社会科学出版社, 2009: 3.

序就是削弱或撤除这道安全屏障，因此，本身也是一种刑罚"。① 故而，若要使构建的快办程序制度符合"良法"要求，则首先要确定快办程序在构建过程中价值取舍的标尺。正当程序价值是公共行政最首要的核心价值。②起初，正当程序价值直接体现为现代法治国家对行政权力公正行使最低限度的要求，是确保正义观念在行政行为中得以实现的重要保障。③ 但在正当程序理论发展的过程中，其逐渐成为程序价值评判的标准，即一个符合正当性标准的程序，才能被称为在价值上具有可接受性的"良法"。在关于行政程序正当性标准的学术研究中，存在两条最为重要的评价标准，其一是以自然正义为基础的内在价值标准；其二是以功利主义为基础的工具效能标准。

第一节 行政处罚程序的内在正当性

正当程序原则起源于自然正义原则，是英国普通法中的一项基本的程序原则。当没有成文法或者先例可以为判决提供指导时，法官常常在法律箴言与根据经验形成的简单规则中寻求判决的依据，这些依据也即演变成为自然法。自然法被认为是神明之法，其既是对公正判定的朴素共识，也是衡量法律之公正的基本尺度。自然正义原则源自这些古老的公正经验，在一本由"法律法语"（Law French）写成的小册子中，记载了一则庄园领主对庄园管辖权的故事，而这则故事蕴含着"任何人不得做自己的法官"的自然正义理念。④ 1215 年，英国臭名昭著的约翰国王在被贵族用刀

---

① ［法］邦雅曼·贡斯当. 古代人的自由与现代人的自由［M］. 阎克文，刘满贵，译. 北京：商务印书馆，1999：215.

② ［美］戴维·H. 罗森布鲁姆，罗伯特·S. 克拉夫丘克，德博拉·戈德曼·罗森布鲁姆. 公共行政学：管理、政治和法律的途径（第五版）［M］. 张成福等，译. 北京：中国人民大学出版社，2013：37.

③ 周佑勇. 行政法基本原则研究（第二版）［M］. 北京：法律出版社，2019：220.

④ ［美］约翰·V. 奥尔特. 正当法律程序简史［M］. 杨明成，陈霜铃，译. 北京：商务印书馆，2006：13.

剑相逼的情况下，于《大宪章》（*Magna Carta*）中作出了承诺，"任何自由人非经贵族院依法判决或者遵照王国的法律之规定外，不得加以扣留、监禁、没收其财产、剥夺其公权，或对其放逐，或受到任何伤害、搜捕或者逮捕"。爱德华·柯克爵士（Sir Edward Coke）说"王国的法律"（"the law of the land"）就意味着普通法，而普通法则要求"正当程序"。也即是说，王权如果要对一个人采取行动，则必须遵守正当程序的要求，正当程序也因此成为以理性和公正对抗恣意王权的有力武器。17世纪，当斯图亚特统治者们企图获取最高权力的时候，以柯克爵士为代表的法学家就利用正当程序等自然法及习惯法规则来平衡英国的权力安排。由此可见，自然正义原则以及由其衍生出来的正当程序原则是驯化王权的工具，其将国王权力置于"上帝及法律"之下，使之不能专断、极端或不进行任何协商就采取行动。

自然正义原则的具体内容是在17世纪开始确立的，其蕴含两条基本的正义理念：第一，任何人不得做自己的法官。即程序应当是公正的、无偏私的，公正要以看得见的方式呈现。该理念在1610年伯纳姆医生案①中被法官予以确认。第二，任何人都有获得听证的机会，即权利可能受到影响的当事人必须得到通知并参加听证。在1615年巴格案②中，法院据此理念判定没有告知与听证就剥夺当事人公职的行为不合法。自然正义原则在起初并没有理所当然地成为一项行政程序的基本原则。在1863年库珀诉旺兹沃斯工程委员会案③中，法院认为，如果行政机关正在如同司法机关一样行事，那么其应当适用自然正义原则。1963年，在著名的鲍德温案④中，法官打破了司法与行政的边界，认为自然正义原则应当适用于那些决定一个人权利的行政决定当中。在随后的一些判决中，"公正义务"成为法官对于行政程序的主要要求，而美国的《权利法案》则继续使用"正当程

---

① 77 Eng. Rep. 638，652（C. P. 1610）.
② Bagg's Case（1615）11 Co. Rep. 93b.
③ Cooper v. Board of Works for the Wandsworth District［1863］143 ER 414 Corurt of Common Pleas（1863）.
④ Ridge v. Baldwin［1963］AC 40.

序"以保护公民的宪法权利。虽然公正义务与正当程序并不像自然正义原则那样具有清晰的外延，但公正义务与正当程序仍然与自然正义原则精神共通，有学者将自然正义原则比作一座屹立于源头的闸，而正当程序则是随波逐流的河。①

一、行政处罚程序内在正当性的判断方法

正当程序原则起源于古老的正义理念，在对抗王权的斗争中成为颠扑不破的法律原则。在后续的美国法律实践中，正当程序不仅被作为一项公民的程序性权利，其还被用以对抗任意剥夺公民权利的议会立法。正当程序原则之所以有对抗专断的不朽力量，是因为其自身蕴含的正义理念是保障自由与民主不可或缺的程序基石。罗尔斯认为，在正义的政治契约之下，"人们希望相互不把对方仅仅作为手段，而也作为自在的目的来对待"，② 任何人应当处于自由与平等的地位，没有一部分人应当成为另一部分人实现利益的工具。这也即要求应当有一个契约生成的自尊环境，在此环境中"各方将接受那种要求他们互相尊重的自然义务，这一义务要求他们相互有礼，愿意解释他们行为的根据，特别是在拒绝别人的要求的时候"。③ 当一个人的权利被减损，则必须说明这样的减损符合正义契约的两个原则。④ 恣意地、非理性地、专断地实施侵害都不可能构造一个正义的政治契约。因此，所有人的利益追求都应获得同等的尊重，没有人应当成为他人追求利益的工具。由罗尔斯的自尊观念出发，杰瑞·L. 马肖在寻求

---

① 毕洪海. 普通法国家的行政程序正义进路 [J]. 政治与法律，2015（06）：35.

② ［美］约翰·罗尔斯. 正义论（修订版）［M］. 何怀宏，何包钢，廖申白，译. 北京：中国社会科学出版社，2009：139.

③ ［美］约翰·罗尔斯. 正义论（修订版）［M］. 何怀宏，何包钢，廖申白，译. 北京：中国社会科学出版社，2009：138.

④ "第一个原则：每个人对与其他人所拥有的最广泛的平等基本自由体系相容的类似自由体系都应有一种平等的权利。第二个原则：社会和经济的不平等应这样安排，使它们（1）被合理地期望适合于每一个人的利益；并且（2）依系于地位和职务向所有人开放。"［美］约翰·罗尔斯. 正义论（修订版）［M］. 何怀宏，何包钢，廖申白，译. 北京：中国社会科学出版社，2009：48.

判断正当行政程序的方法时，也回归到了正当程序在宪政发展史上的重要地位，认为"问题在于……什么权利是人们必须享有的，从而可以维系一个特定的自由民主的政体"。① 而判断程序正当性的关键，恰恰是要寻找哪些程序将人界定为一个受尊重的和自尊的道德与政治主体。

与马肖相同，萨默斯在对程序价值的考察中，也发掘了与"好结果效能"并立的程序的内在价值效能。其认为，无论程序结果如何，诸如程序正统性、理性、参与性等程序内在价值都有维护宪政人权的独立价值。② 但萨默斯却没有深究这些价值赖以产生和存在的根基，以至于无法回答为什么一定要坚持这些价值的问题，③ 也即不能回答为什么这些价值是程序正当性的基础。马肖通过尊严价值的方法，推演出了正当程序应当维护的程序价值，其认为，保障个人尊严的程序在直觉上应当至少维护三项程序价值：④ 第一，平等价值。"自尊依赖于别人的尊重。"⑤ 对当事人的平等对待是对每个人的利益诉求予以同等分量的尊重，以使他们能够把自己视为目的。平等价值要求行政机关不论当事人的处境与地位，平等地对待当事人的权益诉求，并给予其平等参与程序的机会。第二，可理解性。一个不可理解的程序是一种"卡夫卡式"的程序，人在其中被异化为制度的客体，并产生自我厌恶的感觉。⑥ 保障程序的可理解性，要求行政主体公开法律依据与行政决定，使行政相对人能够预测程序的走向以及知悉决定的内容，从而可以有效规划行动以争取自身的权益。除此之外，行政主体还

① ［美］杰瑞·L. 马肖. 行政国的正当程序 ［M］. 沈岿，译. 北京：高等教育出版社，2005：182.

② SUMMERS R S. Evaluating and Improving Legal Processes A Plea for Process Values ［J］. Cornell l Rev, 1974, 1：20-27.

③ 陈瑞华. 通过法律实现程序正义——萨默斯"程序价值"理论评析 ［J］. 北大法律评论，1998 （01）：203-204.

④ 马肖列举了四项基本价值（三项程序价值，一项实体价值），即平等、可理解、参与和私人主权，其中私人主权是实体性正当程序维护的价值。

⑤ ［美］约翰·罗尔斯. 正义论（修订版）［M］. 何怀宏，何包钢，廖申白，译. 北京：中国社会科学出版社，2009：138.

⑥ ［美］杰瑞·L. 马肖. 行政国的正当程序 ［M］. 沈岿，译. 北京：高等教育出版社，2005：189.

要说明行政决定的理由，向当事人证明行政决定是基于理性、洞见并诉诸人的权利的斟酌，而并非专断与恣意的决定。第三，参与。任何人在争取自己权益的同时，都必须获得阐述与解释自己诉求的机会，如果将这种诉求机会扼杀，那么行政决定则成为代表多数意见并处于程序优势地位的行政机关对少数人利益诉求的压制，这显然是对个人尊严的背弃。

二、行政处罚程序内在正当性标准

尊严进路所指涉的程序的内在价值，是一种全有或全无的哲学思辨，而不是一个具有刻度的频谱。马肖给出的是一个程序的底线标准，其不但不能被测量，而且程序的效能改进不能作为降低其要求的理由，有学者称其为最低限度的公正。[①] 快办程序的内在正当性是其对于最低限度公正的维护，然而对于是否存在最低限度的公正以及何谓最低限度的公正则仍然存在学术争议。[②] 不可否认，由于公正存在质与量两个面向的特性，因此如果不能对最低限度的公正加以确定，则必然是一个充满不确定性的法律概念。比如听证程序与陈述申辩在保障公正的功能上是相同的，不同的是听证较之陈述与申辩对公正的实现更为充分，可见不同的程序步骤对公正的实现有量上的不同，然而在公正的量表上如何画出一个最低的限度则是确立标准必须解决的问题。为解决这一难题，不妨依循马肖的思路，将最低限度的公正与自由民主的价值相连接，并在价值连接的耦合处即《宪法》中寻找最低限度公正的法律依据。[③]

（一）内在正当性的价值追求

作为衡量程序正当性的第一把卡尺，公正的刻度正是我国《宪法》所

---

① 王锡锌. 正当法律程序与"最低限度的公正"——基于行政程序角度之考察 [J]. 法学评论，2002（02）：23-29.

② 何海波教授指出："连法律条文都不能构筑一条固定的堤坝，'底线公正'岂能守住最后的防线？"何海波. 实质法治：寻求行政判决的合法性 [M]. 北京：法律出版社，2020：297.

③ 有学者适用了这一方法，认为判断程序的标准是"参与的标准、平等的标准与获得救济的标准"。冯健鹏. 论我国宪法基本权利的程序保障——一种宪法解释的可能性 [J]. 浙江学刊，2013（06）：175-176.

认可与追求的对公民权利予以尊重、保障与实现的价值和理想。《中共中央关于全面推进依法治国若干重大问题的决定》指出，"必须坚持法治建设为了人民、依靠人民、造福人民、保护人民，以保障人民根本权益为出发点和落脚点，保证人民依法享有广泛的权利和自由、承担应尽的义务，维护社会公平正义"。我国《宪法》第二章明确列举了公民的基本权利，这些基本权利是作为一个道德自治公民的基本前提，而正当程序则是要保护这些权利不被肆意侵犯。在《宪法》所保护的诸多权利中，既有诸如财产权、自由权、人格尊严权等实体性权利，也有诸如参与权、平等权等程序性权利，而其中程序性权利的实现应当成为最低限度公正之要求。《宪法》第2条第3款规定了公民的参与权，第33条第2款规定了公民的平等权，第41条规定了公民的监督权。为了保护上述三项基本权利，行政处罚的正当程序应至少满足三项最低的要求，即程序的参与性、中立性与公开性。[①]

第一，参与性使权力与权利的关系得到平衡。参与权是公民的一项基本权利，只有通过对政治过程的参与，现代民主政治才能得以实现。在传统的代议制模式中，执行权的合法性来自政治机构的授权，随着社会利益多元化的发展以及行政机关裁量权的增加，权力运转的"传送带"模式遇到了政治控制不足的合法性危机，而更加注重参与的"利益代表模式"则增进了公民对政府决策公正性的信任。[②] 公民通过参与行政决定的过程，影响和监督行政决定的制作，最终实现对行政权的民主控制。由此可见，行政程序的参与性是公民政治参与权的延伸，也正是因为参与对民主的重要作用，其才成为底线公正的必备要素之一。最低限度的公正对程序参与性的要求是其能够保障行政相对人的主体性地位，使当事人能够对行政处罚的决定产生影响，而不是作为从属的和被任意支配的客体。[③] 在行政处

① 周佑勇. 行政法的正当程序原则 [J]. 中国社会科学, 2004 (04): 121-124.
② [美] 理查德·B. 斯图尔特. 美国行政法的重构 [M]. 沈岿, 译. 北京: 商务印书馆, 2016: 142.
③ 章剑生. 论行政相对人在行政程序中的参与权 [J]. 公法研究, 2004 (00): 55.

罚决定程序中，行政机关具有天然的强权优势，当事人处于被调查与被制裁的弱势地位。权力地位的不平衡会使弱者更容易受到压制与伤害，因此行政相对人需要能够陈述意见与进行抗辩，以形成对行政权力的制衡。

第二，中立性使当事人处于平等的交涉地位。程序的中立性要求平等对待每一个参与程序的当事人，相同的案件得到相同的处置，当事人拥有同等的程序权利。不使一个人所具有的偶然性成为其在原始状态下的博弈资本是罗尔斯所要达成的正义契约的前提，任何人在契约中都是均等的，并不因为个人的某些特征而使其处于优势或弱势地位。而如此一个契约的达成与维护必然依赖一个可以隔绝一切的理想的"隔音空间"，即中立的法律程序。在中立的程序中，偏见、压力以及各种连环关系的重荷都会被排除在外，各个主体平等地对话，理性地讨论纷争中的法律与事实。①

第三，公开性使公正能够以看得见的方式呈现。程序的公开性是公民理解程序、参与程序与实施监督的前提，程序如果秘密进行，则公民永远无法获知程序是否以公正的方式得到了实施，维持社会的道德信任与正义共识就会松动。在不公开的程序中，当事人无法获知程序的信息，如同被执法人员牵引的盲人，在不经历之前，无法获知下一步将去向何处，即便经历过，也没办法全面感受程序的内容。如同卡夫卡在《城堡》与《审判》中描述的场景，当事人永远不可能战胜陌生的程序，更不可能在其中获取主体性地位。因此，一个尊重当事人道德尊严的程序应当事前公开程序依据、事中说明事实与理由并事后向当事人送达行政决定。②

程序的参与性、中立性与公开性并非三个完全相互独立的价值，三者之间既有价值的独立性也有价值上的相互依赖性。比如，快办程序只有实现了公开与中立，当事人才能有效参与程序，但公开性与中立性又并非仅仅服务于参与价值的实现。公开不仅可以使当事人知悉自己的处境并理性地作出决断，而且可以使其从程序参加者转化成程序的监督者。中立性同样不只蕴含

---

① 季卫东. 法律程序的意义［M］. 北京：中国法制出版社，2012：25.

② 章剑生. 论行政程序法上的行政公开原则［J］. 浙江大学学报（人文社会科学版），2000（06）：104.

参与平等的法律意义，还关涉程序适用的平等以及法律适用的平等。

（二）内在正当性的制度标尺

如上所述，程序的参与性、中立性与公开性作为我国《宪法》所确立的价值追求，是社会对公正的价值共识，因此其也是对公正最低限度的要求。简言之，基于我国《宪法》的人民主权原则和人权保障原则，参与、中立和公开作为程序公正的最低限度，针对权力行为的程序规则的设置和适用具有普遍性、基础性。行政执法等公权力程序，不论其程序类型的多样化抑或程序的加速，概莫能外，均得恪守或具备此三要素。然而价值尺度在提供了一个"质"的标准的同时，也带来了"量"上的不确定性，仅仅依靠"质"的标准则可能使"限制"被各种"合理"的理由稀释。因此，作为程序内在正当性的底线公正应当采用一个实定法上的标准，而价值标准可以在实定法标准的基础上作为补充。有学者基于程序公正的思想脉络以及我国《宪法》基于公民权利保障而衍生的程序正义立场，尝试给出了具体的最低限度公正的标准，即无偏私、陈述与申辩以及说明理由。[①]虽然该标准与《宪法》确立的程序公正观具有内在的一致性，但其没有说明这三项要求因何是最低限度公正的唯一标准。为了避免最低限度公正刻度的摇摆，的确应当将抽象的价值追求与具体的程序步骤相关联。2021年《行政处罚法》进行修改，对行政处罚程序的一般规定进行了丰富与完善，而我国《宪法》所确立的三个价值共识也在一般规定中得到了落实。因此，笔者认为应当将行政处罚的一般规定作为快速办理程序内在正当性的制度标准，具体理由如下：

第一，《行政处罚法》是行政处罚的基本法，快办程序不能削减其所保障的当事人的基本程序权利。基本法的意义就是要为各类活动提供必须遵守的基本原则和一般性规则，保障法律规范体系的统一。[②]将《行政处

---

① 王锡锌. 行政程序法理念与制度研究［M］. 北京：中国民主法制出版社，2007：223.

② 章志远. 作为行政处罚总则的《行政处罚法》［J］. 国家检察官学院学报，2020（05）：20.

罚法》作为规范行政处罚行为的基本法，一直是理论界对《行政处罚法》定位的普遍期许。① 虽然在法律实践中，《行政处罚法》的基本法的定位仍面临诸多挑战，但其在行政处罚程序的供给上却一直发挥着基本法的作用。有学者对行政处罚的复议与应诉案件进行了统计，观察到实践中主要的程序法律依据就是《行政处罚法》。② 此次修法，特将程序的一般规定作为规范一切行政处罚活动的"公因式"，不仅普通程序需奉行其规定，简易程序同样需要遵守。快办程序是行政处罚普通程序的快速模式，其自然不能克减一般规定的程序要求。因此，从法律适用的层面来说，《行政处罚法》中关于行政处罚程序的一般规定应当成为快办程序的最低要求。

第二，《行政处罚法》既凝集了政治共识，也经过了实践检验。《行政处罚法》作为法律，由我国的全国人大及其常委会制定，因此具有最广泛的政治共识以及最具权威的政治合法性，故而行政处罚的一般程序规定是社会共同认可的法律共识。尽管法律的制定可能仅是协商的结果而与正义无关，但《行政处罚法》一般程序规定中所要求的程序步骤的确落实了我国《宪法》所保障的公民权利。不仅如此，自 1996 年《行政处罚法》出台以来，行政处罚程序经过了长期的制度实践，并在实践中不断补足自身的正当性问题。此次修改，《行政处罚法》吸收了行政执法公示制度，补足了程序公开性不足的问题。因此，客观上讲《行政处罚法》所确立的一般程序规则符合公正要求的法定程序。

综上，我国的法律制度已经为行政处罚的程序确立了最低限度公正的标准，如果快办程序违背了上述标准，则当事人凭借自身的正义感就可以感知到程序的不公正。③ 因此快办程序作为普通程序的快速模式，其对自身内在正当性的要求既没有必要高于《行政处罚法》所确立的正当性标准，也不应为了程序速度而牺牲一般程序规定的正当性要求。

---

① 应松年. 规范行政处罚的基本法律 [J]. 政法论坛, 1996 (02)：1-3.

② 曹鎏. 论"基本法"定位下的我国《行政处罚法》修改——以 2016 年至 2019 年的行政处罚复议及应诉案件为视角 [J]. 政治与法律, 2020 (06)：38.

③ 王锡锌. 程序正义之基本要求解释：以行政程序为例 [C]. 行政法论丛 (第 3 卷). 北京：法律出版社, 2000.

第二节 行政处罚程序的工具正当性

低效能的程序一定是不正当的程序，因为其无故耗费了公共与私人的资源，浪费资源是与人类对美好生活的价值追求背道而驰的。萨默斯对"程序价值"的阐释说明了程序表达出的双重价值，即内在价值与外在价值。由自然正义原则导出的对程序正当性的评价方法阐明了程序对于维护公民道德尊严的内在价值。而程序对于行政目标之实现则是其外在价值，这一价值既包括行政程序直接对行政目标实现的价值，也包括由行政程序内在价值而衍生出来的边际效果与附带性效果。① 既然行政程序要实现自身的两个价值，那么实现价值的方式以及为此支付的成本就成为评价程序正当性的另一个维度——成本-收益的维度。

一、行政处罚程序工具正当性的判断方法

以成本-收益的方法来评价程序的正当性受到边沁的功利主义哲学的影响，即程序只有增进了社会福利才是有价值的，不惜成本地寻求准确的决定并不能使社会生活更好。美国最高法院在马修诉埃尔德里奇案②中应用了这一理念，认为正当程序具体要求的认定应当考虑三个要素：第一，受到影响的私人利益；第二，受影响的利益可能被错误剥夺的风险以及增加程序保障可能取得的价值；第三，因增加程序政府须多承担的财政与行政负担。程序的工具性是成本-收益评价方法能够得以应用的基础，因此只有在明晰程序目标的前提下，才能够对程序的效率进行评估。波斯纳认为，程序目标的工具性在于其要帮助行政机构准确地适用法律决定，减少法律实施的直接成本与错误成本可以有效地提高法律程序的经济效率。③

---

① Summers R S. Evaluating and Improving Legal Processes A Plea for Process Values [J]. Cornell l Rev, 1974, 1: 9.

② Mathews v. Eldrige, 424 U. S. 319（1976）。

③ ［美］理查德·波斯纳. 法律的经济分析（中文第二版）［M］. 蒋兆康，译. 北京：法律出版社，2012：816.

所谓直接成本，是指程序过程中直接消耗的资源，错误成本是指由于错误决定而产生的资源损耗。而德沃金认为法律实施不但有错误成本与直接成本，还可能因为决定结果的错误而产生道德成本，即因为错误地剥夺当事人合法权利带来的非正义成本。[①]道德成本区别于波斯纳所论及的错误成本，其并不以实际发生的直接损害或经济成本作为衡量的标准，而关注人们内心对正义与道德的认同。

在程序的经济成本理论与道德成本理论的基础之上，贝勒斯进一步完善了对程序正当性进行评判的成本-收益进路。贝勒斯的成本-收益分析方法首先依然肯定了行政程序的工具价值，即行政程序的重要功能之一是能够生成一个正确的结果，而生成结果的成本则涵盖了波斯纳的直接成本以及德沃金的道德成本。在正确结果这一重要程序收益之外，贝勒斯认为程序还有过程收益，而过程收益区别于结果收益之处则在于"从程序到经济及道德错误成本的因果链需要经过具体结果这一环节，但是从程序到过程价值或利益的因果链却不需要经过具体结果这一环节"。[②]过程利益之所以和决定的正确性无关，是因为过程利益并不以实现结果为目标，其更多地是为了满足当事人对结果的心理感受，以实现化解纠纷的目的。因此贝勒斯将程序的功能定位于实现探求准确的结果以及有效化解纠纷两个目的，而实现两个目的过程中的成本与收益则是衡量程序正当性的重要标准，其计算公式可以简化为最小化（EC+MC+DC-PB）之和。[③]贝勒斯的成本-收益方法试图为程序的内在价值寻求实证方法上的合适位置，但是将内在价值与解决纠纷的实体目标相关联则没有触及其真正的价值本源。尽管如此，以程序的工具主义视角展开的成本-收益进路在一定程度上解决了价

---

① 陈瑞华. 走向综合性程序价值理论——贝勒斯程序正义理论述评［J］. 中国社会科学，1999（06）：121.

② ［美］迈克尔·D. 贝勒斯. 程序正义——向个人的分配［M］. 邓海平，译. 北京：高等教育出版社，2005：155.

③ 其中 EC 是直接成本，MC 是错误成本，DC 是道德成本，PB 是过程利益。［美］迈克尔·D. 贝勒斯. 程序正义——向个人的分配［M］. 邓海平，译. 北京：高等教育出版社，2005：157.

值竞争的难题，丰富了对程序正当性的认知维度，使程序正当性理论的根基更加坚实。

二、行政处罚程序工具正当性标准

快办程序的程序效能是工具正当性的直接体现，尽管贝勒斯提供了衡量程序正当性的理论框架，但是要定量分析一个程序的效能还存在诸多方法上的难点，比如对道德的定量分析①以及对高效能临界值的选取等都是非常棘手的问题。尤其对于程序的构建来说，如果没有一个程序效能的正当性标准，则缺少了工具正当性在质上的标准。但由于快办程序是对行政处罚普通程序的改造，而非"另起炉灶"，因此可以默认普通程序的效能是在工具正当性之上的，而快办程序的正当性基础是对普通程序效能的提升。如果快办程序的改造是对普通程序效能的减损，则快办程序就失去了程序的正当性。故而，快办程序的工具正当性标准是相对的，每一次程序的效能改造，其参照的正当性标准就是原有程序的程序效能。正是由于工具正当性标准的相对性，那些可能降低程序效能的加速技术成为控制快办程序正当性的关键变量，根据其对程序效能双向影响的特性，可将其称为"摇摆变量"，"摇摆变量"的存在制造了程序加速与程序效能之间的张力。在快办程序中，实现程序效能变化的加速技术中，只有减少审核环节与降低证明标准才可能造成程序效能的负面变化，即降低案件办理的准确性。而案件办理的准确性降低可能直接导致程序收益的减少以及错误成本和道德成本的升高。

第一，案件办理准确性的降低可能提高快办程序的成本。如贝勒斯所言，直接成本、错误成本与道德成本都是快办程序需要支付的程序成本。快办程序的加速无疑降低了程序的直接成本，但错误成本与道德成本都与案件办理的准确性相关联。在案件牵涉的当事人利益与公共利益不变的情形下，如果案件办理的准确性降低，则案件的道德成本与错误成本会随之

---

① 刘权. 作为规制工具的成本收益分析——以美国的理论与实践为例 [J]. 行政法学研究，2015（01）：142-143.

升高，其成本计算的表达式为牵涉利益×错误概率。

第二，案件办理的准确性降低可能减少快办程序的收益。行政处罚程序的目标是发现并证明当事人的行政违法行为，并作出正确的行政处罚决定。当证明标准降低与审核环节减少，行政处罚决定的准确性会随之降低，程序的结果收益则会相应减少。除了结果收益之外，快办程序还有过程收益，其主要表现为当事人对行政处罚决定的信服程度。如果程序速度在合理的范围内，则当事人会因程序的及时与高效而信服行政处罚的决定。但人是一种理性动物，人类喜欢通过理性来安排他们的事务，而非通过随机与任意的行动。① 当事人对程序理性的认可程度决定了其是否会信服一个行政处罚决定以及是否能够认可自身行为的违法性。如果一个行政处罚程序采用了赌博式的随机程序进行办理，那么当事人必然不会认为行政决定符合实体标准。因此证明标准过低与审核环节过于简省，会使程序的审慎性受到怀疑，程序的过程收益不但不会增加反而会减少。快办程序收益计算的数学表达式为结果收益×错误概率±过程收益。

综上，证明标准的降低与审核环节的简省对程序效能的影响存在摇摆性，在一定的降低和简省范围内，快办程序可以增加普通程序的程序速度，从而提升程序的效能，增强程序的正当性。当快办程序为了追求程序速度而对证明标准与案件审核的要求过低时，则程序效能反而会负向降低，使快办程序失去工具正当性。

第三节 行政处罚程序的正当性标准：
追求有效率的公正

程序的内在正当性与工具正当性恰如对光的波粒二象性的解释，两个方法虽然能够在不同的问题上对程序的正当性进行评估，但两者也仅能实现理论的拼接，而无法实现理论的结合。因为程序的内在正当性是其永远

---

① Summers R S. Evaluating and Improving Legal Processes A Plea for Process Values [J]. Cornell l Rev, 1974, 1: 26.

不可放弃的价值底线，任何对这一底线的突破都会使公民的政治主体地位受到挑战，而公民的政治主体地位不仅是对人的价值的肯定，也是现有政治秩序赖以存续的基础。因此，其他价值既无法享有与之同等的地位，也不能因为对其他价值的实现而对内在价值予以牺牲。两者虽然不能统一于彼此的理论框架之中，但是却能够作用于程序评价的不同阶段，从而实现对程序价值可接受性的全面评价，以使程序能够在保障最低限度公正的基础上，实现程序工具效能的最大化。因此，一个价值正当的行政处罚程序所要追求的是富有效率的公正。而判断一个行政处罚程序是否实现了有效率的公正则应当分为两步：第一，对程序的内在正当性进行判断。如上所述，行政处罚的一般程序规定是程序内在正当性的制度边界，对一般规定的遵守既是程序合法性的要求，也是实现程序公正最基础的保障。但如果考察程序内在正当性在宪政发展史上所发挥的功能，就不难发现其是为了限制权力肆意地与非理性地对公民权利实施侵犯。行政处罚的一般程序规定固然是对行政处罚机关的权力的限制，但其所保护的是已被法律认可的公民权利，而对于那些正在逐渐兴起但尚未成为法定权利的新兴权利，行政处罚的一般规定却难以对其实施有效的保护。因此，在新兴权利正式得到法律认可之前，行政处罚一般程序规定对权力的限制就会存在制度缝隙。所以，某些新兴权利变得越发重要，而对其予以剥夺又不被认为是行政处罚时，则行政处罚程序是否实施了有效的自我控制应被视为其是否具有内在正当性的判断标准。第二，在确定快办程序具有内在正当性之后，应当考察其程序设计是否符合效能最优化的标准。行政处罚程序的效能取决于其程序的设计，当程序设计在不损害程序内在正当性的前提下，仍存在效能优化的空间，则表明其工具正当性有改进的可能。因此，一个不断追求效率提升的程序必然会要求其自身实现程序效能的最优化。综上，所谓"有效率的公正"，既存在底线标准也存在更高追求，其底线标准是在遵循行政处罚程序一般规定的基础上实现程序效能的改进；而其最高追求则是在实现对权力有效约束的情形下，使程序设计能够达到工具效能的最优化。

第四章 行政处罚快办程序的适用范围

虽然"不适用简易程序，但事实清楚，违法嫌疑人自愿认错认罚且对违法事实和法律适用没有异议的行政案件"是快办程序适用标准的统一表述，但《海警法》与《程序规定》对于快办程序排除适用的设定并不相同；除此之外，规范性文件对"事实清楚""认错认罚"等适用条件的具体细化规范也存在多元标准。可见，快办程序一则并没有对行政案件进行全面加速，而是审慎地选取了特定的适用范围。适用范围之所以有限，是因为程序加速无法实现或可能导致程序的其他价值追求落空。二则各规范对适用范围的规定虽然大体一致，但仍存在多方面的差异。故而，若要使快办程序在立法与执法过程中具有适用的统一性，则首先要对快办程序的适用范围进行合理的设置。对于如何设置快办程序的适用范围首先要明确快办程序适用范围的设置对程序正当性的影响，而后以"富有效率的公正"为价值追求，对适用范围的设置进行倒推。因此，本章将全面考察快办程序适用范围的实践形态，并以实现程序正当性为目的，对快办程序适用范围的实践样态进行选择与完善。

第一节 适用范围对快办程序正当性的影响

快办程序的适用范围就是行政处罚程序对行政案件实施繁简分流的加速范围，快办程序的适用范围越是宽泛，则行政处罚程序的整体速度也就越快，快办程序所节约的行政资源也就越多。然而，从快办程序对加速范围选取的实践样态来看，加速只是行政处罚程序变革所追求的价值之一。快办程序适用范围的设置，其试图对案情事实复杂以及牵涉利益较大的案件予以排除，而仅将程序适用于案情事实清楚的案件。之所以如此设置适用范围，是要保障行政处罚决定的准确性，从而避免作出错误的行政处罚决定，对个人权益与公共利益造成损害。除此之外，快办程序还排除了当事人主观态度不确定的行政案件，对这类案件的排除，是为了使行政相对人信服行政处罚的决定，以及保障行政处罚对违法行为人教育功能的实现。而程序的工具正当性取决于其各类程序目标实现的程度。除了对程序工具正当性产生影响外，快办程序的选取还可能使其内在正当性受到侵害。

一、适用范围对快办程序工具正当性的影响

行政处罚程序的加速是否提升了行政处罚普通程序的工具效能是判断其是否具有工具正当性的标准。虽然快办程序的工具正当性建立在相对优势的基础上，但是快办程序受案范围的构建则要在加速技术特定的情形下，尽可能得到快办程序整体效能的最优解。程序受案范围对快办程序的工具正当性主要存在以下影响：

第一，程序加速范围与程序整体的直接成本负相关。由于快办程序对加速技术的使用，其相较于普通程序，不仅节约了当事人与执法机关的时间成本，而且为执法机关节约了人力与物力成本。如同工厂对商品的生产，行政处罚机关在作出行政处罚决定时也需要投入资源，这些被投入决定生产中的资源，则是程序的直接成本。快办程序在三个方面降低了程序的直接成本：首先，快办程序减少了决定作出的时间成本。通常来讲，一起适用普通程序的简单案件，全部程序办结需要 5 小时以上，大部分案件的办理需要数个工作日。《海警法》与《程序规定》将快办程序的时限设定在 48 小时以内，在执法实践中，很多适用快办程序的案件可以在 3~4 小时内办结，[①] 个别地区的公安机关可以将三分之一至二分之一案件的办案时间压缩至 30 分钟以内。[②]

---

① 李文姝. 行政案件快速办理程序构造论［J］. 人大法律评论，2020（01）：182.

② 参见《烟台市公安局互联网+行政速裁案件办理机制》。

其次，快办程序减少了案件办理的人力成本。由于快办程序简化了取证方式，运用音视频等多媒体方式取代了原有的书面笔录的方式，并且增加了自书笔录的应用频率，因此执法人员在缩短取证时间的同时，也减少了自身的工作量，节约了人力成本。另外，一起适用普通程序的治安处罚案件，需要三级或四级审核审批（办案机关法制员审核-派出所负责人审核-法制部门审核-分局领导审批）才能作出处罚决定，而快办程序则省略了派出所负责人与法制部门的审核环节，减轻了审核人员的工作负荷。最后，快办程序减少了案件办理的物力成本。快办程序通过简省文书材料的制作，减少了证、书的制作成本。如多地公安机关取消了事实与理由告知书的制作，而采用口头告知并在案卷中注明的方式进行事实与理由的告知。还有公安机关以口头方式取代了呈批文书以及决定文书的制作。① 除此之外，快办程序减少了往返办案机构的成本。比如快办程序采用电子送达的方式实现了处罚决定书的远程送达；再如烟台市公安局，将面包车改造为移动办案场所，其在案发地即可当场完成案件办理。② 因此，扩大快办程序的适用范围，可以在总体上节约程序的直接成本，即程序的加速范围越广，程序的总体成本越低。

第二，适用案件的复杂程度与牵涉的利益和程序的错误成本与道德成本正相关。虽然扩大程序的适用范围，可以降低程序的直接成本，但对于某些案件的适用，却会导致快办程序错误成本与道德成本的升高。由于快办程序采用了较低的证明标准以及更为简化的审核流程，因此快办程序的准确性低于普通程序。如上所述，案件办理的准确性是快办程序工具正当性实现的摇摆变量。由于案件的错误成本与道德成本的计算均是牵涉利益×错误概率，因此如果案件本身牵涉的利益较大或者适用快办程序导致的决定错误概率较高，则可能使其支付高额成本。故而，案件越复杂、牵涉的利益越大，快办程序需要支付的错误成本与道德成本也就越高，当快办程序所节省的直接成本低于需要支付的道德成本与错误成本时，其程序效能就会呈下降趋势。同样，如果快办程序适用的条件过于严苛，则会将快办程序能够高效

---

① 参见《山东省公安机关行政案件快速办理工作规定（试行）》。

② 参见《烟台市公安局互联网+行政速裁案件办理机制》。

办理的案件排除在外，从而限制快办程序发挥最优的效能。

第三，快办程序适用范围的设置可能对快办程序过程收益产生影响。由于不同当事人存在不同的价值偏好，因此即便是节约当事人成本的程序，也可能不是当事人所能接受的。对于需要快速解决行政纠纷、结束处罚流程的当事人来说，程序的加速能够满足其心理需求，使之信服行政处罚的决定，并实质性地解决纠纷，避免了行政处罚程序的空转。而对有些当事人来说，充分的程序能够使其感受到尊重与公正，其愿意为程序的充分性支付相应的成本，以满足其内心的感受。因此，快办程序对不同类型当事人的适用，会对程序的过程收益产生不同影响。

二、适用范围对快办程序内在正当性的影响

程序的内在正当性是快办程序需要遵守的底线标准，如果快办程序不能合理设置程序的适用标准，则其就可能存在侵害程序内在正当性的风险。程序适用范围可能在两个方面影响程序的内在正当性：

第一，快办程序有可能对当事人强制适用。在一起因邻里纠纷引发的治安案件中，违法行为人郭某勇对邻居进行了殴打，而其在询问笔录中，并未对殴打事实进行承认。派出所民警在仅有被害人陈述的情形下，在未对郭某勇予以告知和征得其同意的情形下对案件适用了快办程序。一审法院认为，仅有被害人陈述即对案件事实予以认定属于行政处罚决定认定的事实不清与证据不足。在未书面告知的情形下即对当事人适用快办程序属于程序违法。二审法院重新认可了出警记录的证明效力，但依然认定快办程序适用属于违法。[①] 此案中，如果仅有被害人陈述，则必须有自认违法事实方可定案。而公安机关在违法行为人拒不承认违法事实的情形下试图通过强行适用快办程序以使案件达到定案的证明标准，实则是对当事人私人自主权的侵犯。程序内在正当性要求快办程序适用范围的构建不得强制牺牲当事人的私人自主权。快办程序对速度的追求在根本上是为了实现行

---

① 湖南郴州市中级人民法院（2021）湘行终字第 7 号行政判决书。

政处罚与其他社会行动之间的速度匹配，快办程序对普通程序的加速也节约了当事人参与程序的时间成本，满足了其在加速社会中对速度的需求。从为当事人节约时间成本的角度来看，快办程序是一个具有授益性的程序，但快办程序的授益性不能以牺牲当事人的私人自主权为强制的交换条件。从当前快办程序的制度设计来看，加速的实现一方面得益于科技与行政方式的改进，另一方面则来自对程序证明标准与调查方式的改变。快办程序要求当事人能够认错认罚，主动坦白自己的违法事实和证据线索，而"不得强迫自证其罪"是当事人应当享有的私人自主权，如果执法机关采用欺骗、威胁、强迫等手段强制当事人放弃私人自主权以适用快办程序，则快办程序便失去了内在正当性。因此，快办程序的适用范围应当对非自愿放弃私人自主权或难以判断主观态度的当事人予以排除。

第二，快办程序有可能被不平等地适用。程序内在正当性要求快办程序平等地对当事人予以适用，不得对某类人予以不正义地排除。由于快办程序具有授益性的特征，因此其应当平等适用，既不能使其成为仅针对少数人的特权，也不能使其不正义地排除特定群体。所谓平等地适用，并不是要让快办程序能够在形式上平等地适用于每一个当事人，而是使快办程序的适用排除自然与社会因素的影响，即快办程序适用的平等并不是程序适用的无差别与无条件，而是程序适用条件的设置不能受到人的自然因素与其社会地位的影响，其所要保障的是人的主体地位的平等。故而，快办程序对于适用范围的设置既不能够随意排除存在自然缺陷的当事人，也不能够区别对待社会地位有差异的当事人，但其可以对因个人因素造成的差异予以排除，比如对累犯与惯犯的区别适用以及对不同违法类型的排除适用等。

第二节　快办程序适用范围立法模式

现有立法采用了概括式、列举式与排除式三种互相组合的立法模式对快办程序的适用范围进行了规定。第一，《海警法》与《程序规定》采用了概括性规定与排除性规定相结合的立法模式，其在阐明适用标准的同时，对符合适用特征但又存在特殊性质的案件进行了排除。第二，部分地区的规范性文件采用了概括式规定、列举式规定与排除式规定相结合的方式圈定快办程序的适用范围。[①] 该种立法模式在适用标准与排除规定的基础上还对可以适用的具体案件进行了列举，以此为执法实践提供更为明确的指引。第三，区、县公安机关出台的规范性文件多采用列举式规定与排除性规定相结合的方式确立受案范围。[②] 该种立法模式主要是为执法机关提供清晰的操作规范，避免快办程序的错误适用，但其也会造成静态规范与动态现实之间的张力。

虽然在快办程序创设之初，采用正面列举的方式规定其受案范围，更有利于快办程序的实验和准确适用，但其也存在适用有限与适用封闭的问题。《海警法》与《程序规定》均采用了正面概括与反面列举相结合的立法模式，采用此种立法模式一则是由于快办程序的适用不宜覆盖所有适用普通程序的行政案件，因此需要概括式的标准为程序适用划定明确的边界；二则是由于程序加速是加速社会中的必然趋势，故而需要尽可能广泛与开放地设定受案范围，以使程序加速适应执法机关与当事人对程序速度的需求。

第一，程序的延宕已经异化为对当事人的变相处罚。随着工业社会将时间变成投入生产的无差别要素，并通过劳动转化成了价值，时间便成为个体参与社会交换的核心资源。对个体时间的剥夺，也成为法律责任的重要表达形式。[③] 然而，对个体时间的剥夺，除了表现为以限制人身自由的刑罚与行政处罚之外，还表现为法律程序对个体时间的占用。由于利润来自对剩余劳动时间的追求，因此在资本的推动之下，围绕时间竞争的科技发展与管理改进都推动社会出现了不可逆的加速趋势。而个体作为时间的拥有者，不得不适应一个新鲜事物不断更迭、知识有效性不断缩短的加速社会。在加速社会之中，世界丰富性以及不确定性的增长与个人对时间资

---

① 参见《烟台市公安局互联网+行政速裁案件办理机制》。

② 参见《安徽省阜南县公安局行政案件快速办理工作规定》《四川省德阳市公安局行政案件快速办理规定》等。

③ 高一飞. 时间的"形而下"之维：论现代法律中的时间要素 [J]. 交大法学，2021（03）：65.

源的拥有已显然不成正比，如何高效地利用时间以应对未知的风险以及体验丰富的世界成为加速社会中的个体面临的文化难题。正是因为个体时间资源的有限性，才使得拖延的程序成为当事人不愿背负的负担。有学者在对美国基层法院的实证研究中发现，程序的延宕使当事人将自己的时间资源进行了非计划性的支出，并因此支付了超出量刑惩罚的精力、金钱以及机会，程序异化成为惩罚的一部分。①

第二，程序的拖延繁复耗费了本就稀缺的执法资源。行政处罚决定的作出是一个资源投入与决策产出的过程，执法机关作出一个处罚决定，需要投入人员、时间以及各类物质资源。然而"案多人少"已经成为执法机关面临的现实困境之一，近五年来，我国公安机关每年受理的治安案件均在1000万起左右，查处办理的案件在900万起左右。② 庞大的治安案件数量已经使公安机关的执法人员不堪重负，加之其他工作任务量的激增，公安民警只能通过延长工作时间的方式增加办案资源的投入。据统计，某公安分局平均每天工作时长在10小时以上的民警数量占到了74.5%，感觉工作压力很大的民警占到了54.4%。③ 而程序的繁复无疑是造成资源消耗的重要原因之一，有学者在研究中发现"面对大量的程序化工作，公务员往往感到在规定的时间里无法完成规定的工作，更无法保证质量"。④ 以机场公安机关办理的藏匿火种案为例，案件办结一般需用时5小时并制作21份书面材料。⑤

---

① ［美］马尔科姆·M. 菲利. 程序即是惩罚——基层刑事法院的案件处理［M］. 魏晓娜，译. 北京：中国政法大学出版社，2014：27.

② 数据来自国家统计局网站：http：//www. stats. gov. cn/tjsj/ndsj/。

③ 陈诚. 警察工作时间管理［D］. 北京. 中国人民公安大学，2019：19-21.

④ 缪国书，许慧慧. 公务员职业倦怠现象探析——基于双因素理论的视角［J］. 中国行政管理，2012（05）：63.

⑤ 受案环节需要制作：安全检查报警单（旅检）、受案登记表、受案回执；调查环节需要制作：违法犯罪嫌疑人体貌特征表、违法嫌疑人自述材料、到案经过、安检员（证人）证人证言、证据照片说明、视频资料说明、旅客证件复印件、网上比对工作笔录、安检员证件复印件、移交证据清单、权利义务告知书、违法嫌疑人饮食及休息信息登记表、民警证件复印件；拟决定环节需要制作：行政处罚告知笔录；呈批（派出所法制部门、所领导、分局法制部门、分局负责人）环节需要制作：呈请行政处罚（局裁）审批表；决定环节需制作：行政处罚决定书；送达环节需制作：送达回执。

在此类案件中，案件事实的调查与法律适用均较为简单，但案件办理中的程序性事项却耗时较长。在机场公安机关对此类案件试点采用快办程序之后，案件一般可在 3 小时内办结，较大地节约了执法资源的投入。

由于时间资源对个体的重要性在不断提升，而行政处罚程序的繁复使当事人与执法机关双方背负了较重的负担，因此精简特定案件的行政处罚程序，最大化地实现程序加速可以有效减少当事人与执法机关的资源负担。故而，相较于对个别案件的适用，宜采用概括式立法的模式，将符合程序加速条件的各类案件纳入快办程序的适用范围，以满足当事人与执法机关对程序加速的客观需求。概括式的立法模式虽然能够明确一条相对普遍的适用标准，但现实经验已经说明凡事皆有例外，在概括式立法确立的标准之下，也会存在不宜进行加速的特殊情况。因此，有必要采用反面列举的方式对不宜加速的特殊情形进行排除。故而，采用正面概括与反面列举相结合的方式确定快办程序的适用范围，既符合社会发展的现实状况，也能够严谨地划定适用范围的边界。

第三节　快办程序的适用标准

一、快办程序适用标准的实践样态

（一）快办程序适用范围的概括性标准

现有立法对快办程序适用范围的概括式标准，采用了较为统一的表述，即"不适用简易程序，但事实清楚，违法嫌疑人认错认罚"的案件。从概括性规定列明的三个案件特点来看，适用快办程序的案件应当满足两个客观条件与一个主观条件。其中不适用简易程序与案件事实清楚是快办程序适用条件的客观标准，而当事人认错认罚是快办程序适用的主观标准。

第一，不适用简易程序办理的行政案件。简易程序是程序环节最为简捷、办案效率最高的行政处罚程序，适用简易程序的行政案件可以在当场快速办结。快办程序对适用简易程序的案件予以适用，并不能发挥其本应实现的程序功能，故而，可以适用简易程序的行政案件，行政机关应当适用简易程序进行办理。

第二，案件事实清楚。案件事实清楚是"简单案件"的核心特点，其直观意义上是指行政案件的法律事实清晰，执法人员可以依据现有证据直接对违法事实予以认定，并作出行政处罚的决定。虽然事实清楚在直观上容易被理解，但何谓事实清楚还需要更具可操作性的标准予以判断。在执法实践中，各地公安机关主要采用了两种不同的认定标准。首先，如江苏省与广东省出台的规范性文件采用了事实绝对清楚的标准。[①] 事实绝对清楚是指无须通过调查取证等手段，案件事实就已经呈现在执法人员面前。[②] 执法人员后续的调查行为，并非对案件事实的发现，而是对案件证据的固定和对程序事项的履行。其次，与绝对清楚相对应的是案件事实基本清楚的标准。案件事实基本清楚是指案件事实虽然没有绝对清楚，但执法人员可以依据自己的经验对尚存疑问的案件事实作出较为准确的判断。如《内蒙古自治区公安机关行政案件快速办理工作规范》第 8 条规定，违反交通管理类案件需要酒精检测数据作为案件的定案证据。[③] 虽然数据只能通过后续的血液检验才能获取，但依据当事人陈述与对当事人状态的观察，执法人员可以对驾驶员是否饮酒以及饮酒多少作出大致判断，只是具体的违法程度仍有待证据证明。

第三，违法行为人认错认罚，且对违法事实与法律适用无异议。违法行为人认错认罚是对违法行为人主观态度的规定，要求违法行为人能够在主观上认识到自身行为的违法性，并认可行政机关可能对其作出的处罚决定。对行政处罚程序的参与可以帮助违法行为人认识自身行为的违法性，并使其信服行政处罚决定，达到教育与处罚相结合的目的。快办程序对普

---

① 《广东省公安机关行政案件快速办理工作规定》第 3 条第 2 项"适用快速办理的行政案件，应当同时符合以下条件：（二）案件事实清楚，关键证据能互相印证。"《江苏省公安机关行政案件快速办理工作规定（试行）》第 4 条"适用快速办理的行政案件，应当同时符合以下情形：（一）事实清楚，证据确实。"

② 张淑芳．论行政简易程序［J］．华东政法大学学报，2010（02）：21.

③ 参见《内蒙古自治区公安机关行政案件快速办理工作规范》。

通程序的加速，在一定程度上减少了当事人的程序参与，因此如果不对当事人的主观态度予以限定，则可能使行政处罚的教育功能虚置。

（二）快办程序适用范围的列举式标准

对快办程序适用案件的列举主要见于各地公安机关制定的规范性文件之中，由于规范性文件是对《程序规定》的执行，而列举式规定又多是对概括式规定的具体说明，因此规范性文件中对适用快办程序案件的列举可以在一定程度上对《程序规定》中的适用范围进行诠释。为更清晰地反映案件特点，呈现适用规律，笔者对各地规范性文件中所列举的案件及其所需的定案证据进行汇总制成了表4-1。从列举案件与定案证据的比较中，可以归纳出快办程序适用案件的主要特征：其一，案件所需的证据数量较少。从表4-1中可以观察到，除了违法嫌疑人陈述外，最多只需其他三个证据即可对案件事实进行全面描述，并予以定案。其二，案件有流程化的办案模式。表4-1所列的案件之所以可以形成流程化的办案模式，主要是由于案件办理的规律性较强，执法人员可以根据违法嫌疑人自认违法事实以及既往经验判断案情并收集案件证据。

表4-1　规范性文件列举的适用案件及其定案证据

序号	适用的案件	定案的证据 （除违法嫌疑人陈述外）
1	饮酒驾驶机动车和轻微交通违法案件	证据保全文书、 酒精检测数据
2	殴打、伤害他人的案件	被侵害人陈述、 伤势照片、证人证言
3	违反居民身份证管理案件	检查笔录、证据保全文书
4	非法携带管制器具案件	检查笔录、 证据保全文书、管制器具照片
5	旅馆、网吧、出租屋不按规定核对、登记案件	检查笔录、证人证言
6	制造噪声、饲养动物干扰他人生活案件	被侵害人陈述
7	违规燃放烟花爆竹类案件	现场照片

续表

序号	适用的案件	定案的证据 （除违法嫌疑人陈述外）
8	赌博类案件	现场检查笔录、 证据保全文书、同案人陈述
9	故意损毁财物案件	被侵害人陈述、 现场被损毁财物照片

二、快办程序适用标准的设定

（一）快办程序适用的客观标准：案件事实基本清楚

准确地查明案件事实并正确地作出行政处罚决定是行政处罚程序的基础功能。依照贝勒斯给出的成本-收益公式，行政处罚程序存在三种成本与两种收益：直接成本、道德成本、错误成本、结果收益与过程收益。在三种成本与两种收益之中，除案件的直接成本外，其余皆与案件办理的准确性相关。首先，案件正确办理可以提升案件的结果收益与过程收益。其一，结果收益是案件正确办理为公共利益带来的收益，其计算表达式为牵涉利益×准确概率；其二，当事人对案件结果的信服不仅仅源自对程序过程的体验，还源自对程序结果的认可，较之一个不正确的决定，一个遵循客观事实的正确结果，更能够使当事人信服。其次，案件正确办理可以降低案件的错误成本与道德成本。在独立存在的案件中，程序道德成本与错误成本的产生皆是因为处罚机关没有正确作出行政处罚决定，其计算表达式为牵涉利益×错误概率。

由此可见，在程序加速产生的直接成本特定的情形下，程序的工具效能与程序所实现的准确性以及案件牵涉的利益直接相关。而程序准确性一方面受调查与审核等程序环节审慎性的影响，另一方面则受其所应用案件的复杂性的影响。因此，在快办程序的加速技术保持不变的情形下，快办程序的准确性实则主要与其所适用的案件的复杂性相关。故而，若要保障快办程序的工具效能得到改进，则应当将案件的错误率控制在一定的范围内，即选取案件事实复杂性相当的案件。

根据贝勒斯的程序效能公式也可以作出另一种假设：如果案件牵涉的利益足够小，那么即便其错误率较高，牵涉利益×错误概率的结果也能够保证在可控的范围之内，快办程序仍然可以实现程序效能的改进。若是如此，则仅依据案件的复杂性程度设置快办程序的受案范围，便有可能致使其受案范围设置过窄，而不能达到程序效能的最优化。如果快办程序是单次适用，则上述假设的确可以成立。但快办程序的适用具有反复性与长期性，若对此予以考虑，则快办程序道德成本的计算实际上并非牵涉利益×错误概率所表明的线性关系。道德成本是关于人们内心对正义与道德认同损失的成本，如果快办程序频繁适用于那些错误概率较高的案件，则连续的错误会使人们对道德与正义的认同出现坍塌，即道德成本会在错案数量达到一定程度时出现类似于指数关系的增长。因此，快办程序适用条件的设置应当将案件复杂性程度作为核心条件。

在将"事实清楚"作为快办程序适用的基础标准之后，还需要进一步阐释"事实清楚"的具体内容，否则其仍然只是一个空洞的概念，而非具有可操作性的具体标准。当然，由于行政违法案件的种类繁多，违法行为的样态不同，因此也不可能构造一个直接指导执法实践的理论模板，而只能够希冀所确立的标准可以成为规范性文件设定操作指引时的必要参考。由上文可知，对于何谓"事实清楚"，实践中采用了绝对清楚标准和基本清楚标准，笔者认为应当采用基本清楚标准作为事实清楚的判断标准。

对于事实清楚内容的阐释，应当将事实清楚标准与其所要实现的程序工具效能相关联，在程序工具效能最大化的语境下，事实清楚所要表达的是案件错办的概率。案件错办的概率越低，则案件的事实越清晰，案件错办的概率越高，则案件事实越模糊。案件事实绝对清楚标准所要求的是案件办理的绝对准确性，即案件在受案之初，全部违法事实已经呈现，执法人员已经能够根据既有事实作出行政处罚决定。事实绝对清楚的案件在执法实践中属于极少数。仍以案情较为简单的藏匿火种案为例，其认定违法行为存在的关键证据是要证明当事人存在主观故意，而当事人是否存在主观故意，则要依据火种所在位置、当事人对安检人员的配合程度以及当事人的陈述作出判断。因此执法人员在接到安检人员的报案后，并不能仅仅凭借安检人员检查出的火种就认定当事人存在藏匿火种的行为，仍然要询问当事人以及证人，即开展后续的调查工作。执法实践中的大多数案件需要执法人员进行后续的调查取证，比如赌博类案件，执法人员发现或接到举报后，仍需查明赌资、查获赌具、调查是否有开设赌场等行为。再如，非法携带管制器具案件，执法人员需要对携带器具作出认定后才能定案。因此，如果将受案范围局限于事实绝对清楚的案件，会使快办程序的受案范围非常有限，从而压制快办程序最优工具正当性的实现。

采用案件事实基本清楚的标准是为了尽可能广泛地扩大程序的加速范围，以释放快办程序的工具效能。但"基本清楚"的标准应当建立在案件办理准确性较高的基础之上，而对于案件办理准确性的判断是在受案之初作出的，故而其判断的主要依据是已经掌握的案件事实，以及执法人员的实际经验。因此，若要使案件办理的准确性较高，一则需要案件本身的规律性较强；二则需要案件在受理之初，就已经有了清晰的案件线索。从表4-1中列举的案件及对应的证据可以看出，适用快办程序的案件一般所需的证据数量较少，除了违法嫌疑人陈述外，最多只需其他三个证据即可对案件进行定案。证据数量要求较少，说明案件需要证明的事实较为简单，案件办理的规律性较强，执法人员能够在获取初步线索的情况下就凭借办案经验对案件后续的调查取证工作作出较为成熟的方案与部署，并对案件结果有较为准确的判断。除了两条正面标准之外，案件事实基本清楚应排除以下两种情形：第一，已掌握的所有证据中包含与所认定事实相反的证据。快办程序并不要求全面收集所有的案件证据，因此案件办理可能存在一些关键证据相互印证，而个别证据反对认定事实的情形。若忽视反面证据，只考虑相互印证的案件证据，则处罚决定错误的概率较高。故而，当有证据与所认定的案件事实相反时，不应认定为案件事实清楚。第二，当下查处的违法案件牵涉其他案件的，不应认定为事实清楚。虽然在查的案件可能符合事实基本清楚的标准，但牵涉的其他案件仍然有待深入调查。

若对这类案件适用快办程序则可能使相关案件无法被查处，导致案件的错误成本与道德成本升高。

（二）快办程序适用的主观标准：当事人认错认罚

在快办程序适用的客观标准之外，《海警法》与《程序规定》也设置了程序适用的主观标准，即"违法行为人认错认罚"。设置快办程序的主观标准，也是最优化行政处罚快办程序工具效能的举措。首先，设置"事实清楚"的客观标准是为了实现程序直接成本、错误成本以及道德成本之和最小，而对程序的过程收益却并没有作专门的考虑。对于程序的过程收益来说，程序的加速未必与之呈正相关关系。如果当事人对自己的违法行为有清醒的认识，则当事人会因程序的及时与高效而对行政处罚的决定感到满意。但人是一种理性动物，人类喜欢通过理性来安排他们的事务，而非通过随机与任意的行动。[①] 如果当事人并不认可自己的违法行为，程序的加速会使其认为行政处罚决定的作出是仓促而荒唐的，即便行政处罚决定能够产生正确的结果，当事人也不会因此而信服。因此，如果不对当事人主观的心理状态进行考虑，可能使快办程序在个案中的效能表现并不理想。其次，行政处罚程序的实体目标并非仅仅产生一个行政处罚决定，其还要实现对违法者的社会规训。福柯在考察了刑罚的发展史后，认为现代的刑罚形式已经从对肉体粗暴的制裁转向了对人内在运转机制的训练，这种训练的目的是使其能够形成自我约束的纪律。[②] 无疑当事人对行政处罚程序的参与是重要的纪律规训机制。虽然这种规训并非对当事人日常行为方式的养成，但使当事人陷入行政处罚程序却可以打断其本来生活的延续性，使其猛然陷入一个陌生的时间安排之中，并在程序之中见证自身违法性的证成，从而使其获得应有的"冷静"和"清醒"，达到教育当事人的目的。《行政处罚法》第6条规定，应"处罚与教育相结合，教育公民、

[①] Summers R S. Evaluating and Improving Legal Processes A Plea for Process Values [J]. Cornell l Rev, 1974, 1: 26.

[②] ［法］马歇尔·福柯. 规训与惩罚 [M]. 刘北成，杨远婴，译. 北京：三联书店, 2012: 155.

法人或者其他组织自觉守法"。可见使当事人能够受到法治教育，形成自觉的法治意识，也是行政处罚程序要实现的重要目标，即程序要实现的直接收益之一。综上，在"事实清楚"的客观条件之上，设置"当事人认错认罚"的主观条件可以更好地发挥快办程序的程序效能。

实践中采用了两条标准判定当事人的主观态度。一为形式标准，即若当事人对执法机关认定的违法事实和法律适用没有提出异议，则可认定当事人认错认罚。二为实质标准，即便当事人形式上没有对认定的违法事实和法律适用提出异议，如若其属于累犯（见表4-2第4项与第5项），则执法机关同样将其认定为主观态度不明确并排除快办程序的适用。在一般情形下，当事人认错认罚可以表明其在程序启动后已经反思并否定了自身的违法行为，行政处罚程序发挥了应有的规训功能。但对于某些违法行为人来说，适用何种程序也只是成本的计算，当快办程序更有利于节约其经济成本时，当事人便会适用快办程序，而其主观认识与行为方式并不会因为行政处罚决定的作出有所改变。尤其以某种违法行为谋生的惯犯，其不会轻易终止违法行为的实施。因此，对于重复实施违法行为的违法行为人，有理由认定其主观态度尚不明确。犯罪理论认为，相较于初犯，累犯不仅主观恶性更强，其应受谴责性更大，而且其人身危险性较高，需要接受更长时间的教育与改造。[①] 虽然累犯也是在受到行政处罚后的一定时期内再次实施违法行为的违法行为人，但其并不同于刑罚上的惯犯。刑法是社会的最底线规范，犯罪是对于人之良心和社会基本伦理的违反，因此实施犯罪行为往往需要跨越较高的道德门槛。而行政违法却可能是在不经意间发生的，有学者指出，随着行政法调整范围的扩张，很多违法行为在伦理上是中立的，而且立法的技术性也使公众对法律的理解出现障碍，并因此造就了不知自身行为违法性的"法盲"。[②] 由此可见，在受到行政处罚后

---

① 苏彩霞. 累犯从严根据之考察 [J]. 云南大学学报（法学版），2002（03）：36-39.

② 熊樟林. 行政处罚上的"法盲"及其规范化 [J]. 华东政法大学学报，2020（01）：123-135.

的一定时期内重复实施违法行为，并不一定表明当事人没有受到前一处罚决定的教育。

综上，虽然只依靠形式标准不能对当事人的主观态度作出准确的认定，但也不宜采用重复违法的单一标准否定当事人认错认罚的主观态度。笔者认为，对于当事人主观态度的实质判断，应当依据个案作出综合性的评判，诸如当事人是否是重复违法、主观恶性、认识能力、对违法后果的弥补状况等都可以成为评价当事人主观态度的指标。

第四节　快办程序排除适用的案件类型

一、快办程序排除适用的实践样态

《海警法》规定了不适用快办程序的四类案件，即依法应当适用听证的、可能作出 10 日以上行政处罚的、有重大社会影响的，以及可能涉嫌犯罪的。此四类案件可以抽象出两个主要特点：第一，案件涉及的利益较大。首先，行政案件能否适用听证程序的核心要素是其对行政相对人权益的影响，[①] 虽然《行政处罚法》对适用听证的行政处罚类型作了限定，但只有当行政相对人的合法权益可能受到较严重的侵害时，[②] 听证程序方可适用。其次，行政拘留虽然不是听证案件的适用范围，但其是最为严重的行政处罚，[③] 而 10 日以上的行政拘留更是对行政相对人的权益产生了较大影响。最后，有重大社会影响的行政案件。虽然该类案件可能并不会对行政相对人的利益产生较大影响，但案件造成的社会影响可能对公共利益或执法权威造成较大损害。第二，可能涉嫌犯罪的案件。可能涉嫌犯罪的案件属于案件定性尚不清晰的案件，对这类案件的办理不仅需要作进一步的

---

① 石肖雪．行政处罚听证程序适用范围的发展——以法规范与案例的互动为中心［J］．华东政法大学学报，2013（06）：62.

② 马怀德．论听证程序的适用范围［J］．中外法学，1998（02）：12-13.

③ 胡建淼．行政法学（第四版）［M］．北京：法律出版社，2015：242.

案件调查，查明案件的事实，确定案件性质，而且还要以刑事案件办理的标准固定案件证据。

《程序规定》规定的不适用快办程序的案件类型与《海警法》略有不同，其没有将可能涉及犯罪与有重大社会影响①的案件列入其中，但增加了对当事人行为能力的要求，即违法嫌疑人是盲、聋、哑人，未成年人或者疑似精神病人等非完全行为能力人的，不适用快办程序。快办程序以行政相对人自愿选择为适用前提，而非完全行为能力人很可能不具备识别快办程序法律意义的能力，因此其对于程序的选择可能无效。

除《海警法》与《程序规定》规定的不适用快办程序的案件类型之外，其他规范性文件还增设了多项不适用快办程序的案件类型，笔者将其汇总制成表4-2。从表4-2可见，由规范性文件设定的不宜适用快办程序的案件多达19种，对其进行理论抽象，可以归纳出不宜适用快办程序的6类案件：第一，客观上无法实现快速办理的行政案件；第二，牵涉较大利益的行政案件；第三，违法嫌疑人主观态度不确定的行政案件；第四，容易引发争议的案件；第五，可能涉嫌犯罪的案件；第六，案情事实复杂的案件。其中，既有对概括性规定的反面解释，即当出现某种情形时应认定不符合概括性规定的要求，如违法嫌疑人六个月内受过治安处罚，则不应认定其具有良好的认错认罚主观态度；也有对于上位法规定的具体指引，比如涉及卖淫、嫖娼、毒品的案件属于《程序规定》中排除适用的案件。

---

① 虽然《程序规定》未在规章条文中规定"有重大社会影响的案件"，但是在其解释中认为，"有重大社会影响的案件"属于其他不宜快速办理的案件。孙茂利. 公安机关办理行政案件程序规定释义与实务指南［M］. 北京：中国人民公安大学出版社，2019：84.

表4-2　其他规范性文件中规定的排除适用快办程序的案件类型

其他规范性文件中规定的排除适用快办程序的案件类型	1. 同案人员因同一案件涉嫌犯罪的； 2. 违法嫌疑人或者同案违法嫌疑人涉嫌犯罪的案件； 3. 违法嫌疑人涉嫌犯罪，或者共同违法活动中部分违法嫌疑人不适用快速办理的； 4. 违法嫌疑人六个月内曾受过治安管理处罚或者一年内因同类违法行为受到两次以上公安行政处罚的； 5. 违法嫌疑人刑罚执行完毕三年内，或者在缓刑期间，违反治安管理的； 6. 违法行为涉及卖淫、嫖娼、毒品的； 7. 属于涉恐行政案件的； 8. 涉及外国人或无国籍人的； 9. 被侵害人有异议或容易引起行政争议的； 10. 情节比较严重或者影响比较恶劣的案件； 11. 涉外，涉港、澳、台的； 12. 违法嫌疑人拒不承认违法事实或者共同违法中部分违法嫌疑人拒不承认违法事实的； 13. 违法嫌疑人涉嫌两个或两个以上违法行为的； 14. 违法嫌疑人或者与违法嫌疑人有关联的人涉嫌犯罪的； 15. 纠纷引起的殴打他人、故意损毁财物等案件，可能引发信访、投诉的； 16. 违法行为人系外国人、记者、律师、人大代表、政协委员、在校学生、未成年人及宗教人士； 17. 寻衅滋事、强迫交易、破坏选举秩序等社会危害性较大的，或者阻碍执行职务等公然对抗执法的； 18. 社会影响较大的侮辱、诽谤、"非访"等案件在行政决定前，需报经上级公安机关同意或需征求上级机关意见的； 19. 属于涉外行政案件或者主要违法行为通过网络实施的

二、快办程序排除适用案件的选择

正面概括的适用标准虽然能够较为准确地归纳适用快办程序的行政案件的总体性特征，但在这一标准之下的行政案件也存在不适用的例外。之所以存在例外，一则是因为适用标准本身不够周延，需要排除标准对其进行补充与完善；二则是由于适用标准追求的价值相对单一，当其需要向其他价值让步时，则需要排除标准对其予以规范。从快办程序适用范围的实践样态来看，林林总总的排除案件虽呈现出了一定的规律，但仍然没有统一的排除逻辑。笔者认为仅应对以下四类案件进行排除：

（一）排除牵涉利益较大的案件

《海警法》与《程序规定》在构建快办程序的适用范围时都对案件牵涉利益较大的案件进行了排除。排除牵涉利益较大的行政案件是对案件事实清楚标准的补充。案件事实清楚标准是以案件本身的错误概率进行判断的，其是为了排除错误概率较高的案件，实现案件的准确办理，以提高程序的工具效能。但是，仅仅排除错误概率较高的案件是不够的，根据牵涉利益×错误概率的数学表达式，案件牵涉的利益越大，程序可能支付的错误成本与道德成本也就越高。由于快办程序采用了关键证据相互印证的证明标准，因此其并没有对案件证据进行全面收集，故而对于同一起案件来说，普通程序对案件事实的调查更为详尽，案件错办的概率更低，快办程序比普通程序多支付的错误成本与道德成本可以用数学表达式简写为牵涉利益×（快办程序错误概率-普通程序错误概率）。当快办程序节约的直接成本与快办程序带来的过程收益小于其多支付的成本时，即（普通程序直接成本-快办程序直接成本）＋（快办程序的过程收益-普通程序的过程收益）<牵涉利益×（快办程序错误概率-普通程序错误概率），则快办程序的工具效能低于普通程序。由此可见，当案件牵涉的利益足够大，则快办程序便无法保证自身工具正当性的实现。

对于利益较大的范围，《海警法》与《程序规定》所认定的标准并不一致，《程序规定》给出的标准是：（1）应当适用听证；（2）可能作出10日以上行政拘留处罚。《海警法》给出的标准是：（1）应当适用听证；（2）可能作出10日以上行政拘留处罚；（3）有重大社会影响。可见，《海警法》使用了个人利益加公共利益的范围，而《程序规定》仅使用了个人利益的范围。笔者认为，由于公共利益与个人利益并不总是存在量上的一致性，比如在某些案件中，案件错办可能对当事人的利益影响较小，但如果案件本身受关注度较高或者容易引发舆论炒作，则错办案件会对执法公信力以及执法权威造成重大负面影响，因此应当使用个人利益加公共利益的标准对牵涉利益的范围进行限定。虽然无法精确地确定何谓利益较大，但大致可以采用如下标准：首先，对于个人利益而言，可以排除适用听证程序的案件以及处以 10 日以上行政拘留的案件。对于适用听证程序的案件来说，其不仅牵涉的行政相对人的利益较大，而且对听证程序的减少会增大（快办程序错误概率-普通程序错误概率）之差，致使牵涉利益×（快办程序错误概率-普通程序错误概率）的结果值升高。10 日拘留是实践中普遍采用的标准，虽然其未必是最理性的时间设定，但其在直觉上已经能够反映对个人权利的严重影响。而随着社会加速，10 日的标准也会随之缩短。其次，社会错误成本较高的案件主要可以归结为以下五类：（1）受社会关注较高的案件，这类案件错办会影响执法的权威性。（2）违法行为人系特殊人群的案件，如外国人、记者、律师、人大代表、政协委员、在校学生、未成年人及宗教人士等。这类人群有较大的社会影响力或者受关注度较高，案件错办容易引发舆论炒作。（3）涉及深层次矛盾，可能引发信访的案件。涉及深层次矛盾的案件往往牵涉案件之外的复杂社会利益，一旦错办可能使其他社会矛盾激化。（4）受害者较多的案件，此类案件牵扯的利益众多，影响较为广泛，案件错办的社会影响较大。（5）违法性质恶劣，社会危害较大的案件。违法性质恶劣的案件对公共秩序直接的侵害性较强，错误办理不能达到有效维护公共利益的目的。

（二）排除规定时限内无法办结的案件

《海警法》与《程序规定》将快办程序的办案时间设定为 48 小时，但并非所有案件都能够在 48 小时内办结。不能在 48 小时内办结的案件主要有两类：第一，案件需要证明的事实较多，调查的时间较长。此类案件并不属于案件事实清楚的范围，故而理应排除在受案范围之外。第二，可能导致速度摩擦的案件。长期以来，行政处罚的普通程序已经有了自己稳定的时间结构，并且与其他相关的程序之间形成了稳定、配套的速度节奏。快办程序对普通程序的改造，是为了节约案件办理的时间，提升案件办理的速度，但也使快办程序的时间结构出现了孤立的加速。如果其他配套程序的速度不能有同步的提升，则其并不能与快办程序的速度节奏和谐同步，快办程序也因此不能实现原有的程序收益，其工具效能就会受到影响。

对于一个行政决定来说，信息是供应其准确生成的重要资源，[①] 而信息的收集则需要支付必要的时间成本。为了配合快办程序对办案期限的要求，其采用了降低证明标准的加速技术，即只要关键证据可以互相印证便可认定案件事实的存在。证明标准的降低意味着减少信息收集的数量，使快办程序能够在规定时间内完成信息的收集，而速度摩擦则可能使快办程序出现时间资源虚置的问题。如果快办程序与其他程序存在速度摩擦，导致快办程序需"停滞"，等待其他程序的完成，则不仅当事人的法律状态在"停滞"与"等待"的时间内仍然不能够确定，而且执法机关在等待的时间内可能也没有任何的决策信息收集。因此，如果快办程序需要等待其他程序的完成，可以利用等待时间收集更多的案件信息，以提高行政处罚决定的准确性。据此，则信息收集数量即案件证明标准的设定可以根据案件用时的情况予以配置，以实现程序工具效能的最优解。但其会因为实践的多样性而导致法律规范的过度复杂。因此，在办案期限统一设定的情况下，应当对可能导致速度摩擦的案件予以排除。

（三）排除非完全行为能力人的案件

公民的基本自由是促使正义契约形成的基础条件，公民道德尊严的实现依赖于其对基本自由的享有，如果不是为了保障更大的基本自由，不得对个体的基本自由进行限制。[②] 行政处罚程序的设置同样要避免对公民的私人自主权进行限制，一个保护私人自主权的程序要比一个不保护的程序更好。[③] 免除心理压制与身体攻击的自由是公民基本自由的重要组成部分，而由其延伸出的"不得强迫自证其罪"的权利是各国宪法都予以承认的公民权利。"不得强迫自证其罪"是公民进行自我保全的权利，面对公权力的控告，如果当事人不能进行对抗，则其必然会使自己沦为被强力支配的

[①] Super D A. Against Flexibility [J]. Social ence Electronic Publishing, 2011, 96: 1399.

[②] ［美］约翰·罗尔斯. 正义论（修订版）［M］. 何怀宏，何包钢，廖申白，译. 北京：中国社会科学出版社，2009：48.

[③] ［美］杰瑞·L. 马肖. 行政国的正当程序［M］. 沈岿，译. 北京：高等教育出版社，2005：193.

工具。若是违背当事人意志获取的当事人陈述能够成为控告当事人的证据，则执法机关必然会为了取得其陈述，在询问过程中对当事人进行刑讯与欺骗，从而使其基本自由受到剥夺，丧失道德主体地位。虽然强迫自证其罪可以更有效率地实现案件办理，但却会从根本上动摇自由民主的根基，其也会因此成为非正义的交换。

我国《宪法》虽然没有明确规定公民享有沉默权，但对公民沉默权的保障已经成为我国法治建设的重要内容。2018 年《刑事诉讼法》修改，其第 52 条规定"严禁刑讯逼供和以威胁、引诱、欺骗以及其他非法方法收集证据，不得强迫任何人证实自己有罪"。自此确立了不得强迫当事人自证其罪的法律制度。《行政处罚法》第 55 条虽然规定了公民有配合以及如实回答询问的义务，但却没有规定违反该义务的法律后果。相反，《行政处罚法》第 32 条对于主动供述以及配合调查的行为给予了减轻与从轻处罚的激励。实践当中，执法机关同样追求在无当事人供述的情形下确定案件事实，追究当事人的行政违法责任。可见，《行政处罚法》在制度设计上保障了当事人"不得强迫自证其罪"的权利。

"当事人认错认罚"作为适用快办程序的主观条件，当事人必须主动如实供述自己的违法行为，即当事人明确放弃自己的沉默权，向执法机关承认自己的违法事实。由于快办程序可以为当事人节约参与程序的成本，因此当事人有动机放弃自己的沉默权以换取相应的利益，但权利的放弃应当是理性的而且是自愿的，不能是在受到强迫和诱骗的情况下作出的。故而，快办程序的适用要以当事人对自己权利的处分能力为前提，如果当事人是非完全行为能力人，不具有处分自己权利的能力，那么其是否理解自己行为的后果，以及是否能够作出理性的决定都会受到质疑，其对权利的放弃也就当然无效。

（四）排除牵涉犯罪的案件

执法机关查处的案件可能在两种情形下牵涉犯罪，一是案件本身性质尚不清晰，即所查处案件可能属于刑事案件，但其具体性质还有待进一步调查确认；二是所查处的行政案件和其他刑事案件有牵连。这两类案件均不宜采用快办程序进行办理。由于刑事案件往往牵涉重大的当事人利益与公共利益，因此其对案件办理准确性要求较高，采用的是排除合理怀疑的证明标准，即要求案件证据的收集应当达到排除内心合理怀疑的程度。而快办程序则使用的是关键证据相互印证的证明标准，即只要有关键的客观证据能够与当事人的陈述相印证即可证明相关事实的存在，而并不要求全面收集涉案证据。因此，快办程序收集的证据并不能满足刑事案件对证据充分性的要求，而证据又存在湮灭周期，如果不在一定期限内收集，后续可能也无法再对有关证据进行收集。故而，若是先采用快办程序对可能牵涉犯罪的案件进行办理，则可能会失去全面收集案件证据的最佳时期，致使案件办理的成本升高，损害案件办理的工具正当性。

第五章　快办程序加速技术使用的
正当性控制

加速技术是快办程序对普通程序进行改造的加速手段，其以减少、降低、灵活、缩短等为改造技术，以普通程序的行政方式、步骤、时限和顺序为改造对象，并以最终实现程序加速为改造目的。使用加速技术对程序进行改造，不仅是出现在快办程序之中的独有现象，随着科学技术的进步以及管理水平的提升，行政处罚的普通程序也在选用适当的加速技术提升自身的程序速度，比如交通执法领域对电子监控设备的使用，使非现场执法成为交通执法的快速方式，极大地提高了交管部门的执法效率。但普通程序对加速技术的使用一般是单一的、渐进式的，而快办程序则是综合采用多种加速技术，实现程序的整体改造。因此，相较于普通程序的自我进化，快办程序使用的改造方式更多元，加速技术的备选范围更宽泛，其实践样态也更为多样。快办程序的适用范围决定了程序加速的广度，而快办程序的加速技术则决定了程序加速的深度。质言之，加速技术是快办程序构建的核心内容，是快办程序速度的决定性要素。然而，程序的加速不是没有边界的，在政府治理现代化的背景下，程序加速虽然可以有效节约执法资源，但其最终目标是实现治理效能提升，而治理效能提升则建立在程序正当性予以实现的基础之上。因此，快办程序加速技术的使用不能一味追求程序速度的提升，而是应当遵从程序正当性对程序加速的要求。本章将首先考察快办程序加速技术使用的实践样态，并探析加速技术使用对程序正当性的影响，最终以程序正当性的实现为目的对快办程序加速技术的使用进行规范。

第一节　快办程序加速技术使用的实践样态

从关于快办程序的法律规范来看，法律与部门规章对加速技术的规定较为原则，而规范性文件则在法律与部门规章的基础上对快办程序的加速技术作了细化与创新。《海警法》选用了四种快办程序的加速技术：第一，简化取证方式。《海警法》第 30 条第 3 款规定，海警机构执法人员可采用对询问过程进行录音、录像的方式取代书面笔录的制作。第二，简化审批审核流程。《海警法》第 30 条第 1 款对简化审批审核流程作了原则性规定，但并没有明确具体方式。第三，降低证明标准。《海警法》第 30 条第 2 款规定，对适用快办程序的案件，只需要关键证据相互印证，即可不再开展其他调查取证工作。第四，限定办案时限。《海警法》第 30 条第 4 款将适用快办程序案件的办案时限限定在 48 小时以内。《程序规定》与《海警法》对加速技术的规定基本相同，其对取证方式、审批审核、证明标准、办案时限等进行了类似的改造。由于《海警法》与《程序规定》的法律位阶相对较高，其对加速技术的呈现还相对原则，考察规范性文件的规定，则可以更细微全面地了解加速技术的实践样态。

一、文书材料的精简

行政处罚程序中的文书材料是指行政处罚机关在作出行政处罚决定过程中制作的文书材料，其以书面形式为载体，记载了实体内容与程序过程。文书材料可以分为内部文书与外部文书，内部文书是行政机关内部流转与保存的文书，不产生对外的法律效力。而外部文书则是行政机关公示或送达行政相对人的文书材料，其记载内容直接对行政相对人的权利义务产生影响。文书材料承担着记录与反映实质内容以及规范行政行为的重要功能，相较于其他的记录方式，采用书面方式可以更全面、清楚、可追溯地完成记录。但文书的制作过程是案件办理中耗时较长的程序步骤，为了节约文书制作的时间，提高程序效能，快办程序对普通程序中涉及的文书材料进行了简省。

第一，受案环节的文书精简。在受案环节中，需要制作的文书材料有受案登记表、接受证据清单、受案回执以及到案经过。从现有的制度规定来看，对受案范围文书材料的精简，主要是对到案经过制作的简省，以及对多份文书材料的合并。首先，对到案经过材料的精简，《广东省公安机关行政案件快速办理工作规定（试行）》第 10 条第 2 款规定，通过其他证据材料能够证明违法嫌疑人到案情况的，则不需要再制作抓获经过等材料。《江苏省公安机关行政案件快速办理工作规定（试行）》第 12 条规定，受案登记表、违法嫌疑人的陈述与申辩能够体现到案经过的要素的，可以不制作抓获经过或到案经过。《湖南省公安机关快速办理行政案件暂行规定》第 15 条也对上述内容进行了规定。其次，对于多份材料合并为一的规定，主要体现于《山东省公安机关行政案件快速办理工作规定（试行）》之中，其规定一人多案、一案多人或多人多案的，只需制作一份《受案登记表》即可，受案后发现新线索，且与原案同一性质的，不用重新制作《受案登记表》。

第二，调查环节的文书精简。调查环节是行政处罚机关对案件进行事实调查与证据收集的程序环节，在该环节中可能涉及的文书材料有违法犯罪嫌疑人体貌特征表、网上比对工作笔录、权利义务告知书、违法嫌疑人饮食及休息信息登记表、传唤证、询问笔录、检查证、检查笔录、勘验笔录、证据保全决定书、证据保全清单以及各类呈批表等。快办程序对上述材料中的部分文书材料实施了精简，首先，对笔录材料的精简。由于快办程序允许使用录音、录像方式替代书面笔录的制作，因此询问笔录、勘验笔录与检查笔录都可以被音频与视频替代。湖南省、浙江省等地规定，可以通过照片辨认取代实物辨认，并不需要单独制作辨认笔录。其次，快办程序简省了证件办理的呈批材料。部分省市的规范性文件规定，调查过程中需要进行呈批的环节，可以不制作呈批申请表，而采用事前口头呈批，事后补充签字的方式。最后，对于身份信息、告知信息等内容也可以在询问笔录中一并注明，而不需要单独制作材料。嘉兴市《全市公安机关行政案件快速办理实施办法（试行）》第 11 条规定了该项内容。

第三，决定环节的文书精简。决定环节是指行政处罚机关完成案件调查以后制作行政处罚决定的步骤，该步骤涉及对拟作出的行政处罚决定的告知、听取申述与申辩、对拟作决定的审批审核以及行政处罚决定书的制作。其涉及的文书材料包括行政处罚告知笔录与行政处罚决定书。在该环节中，快办程序主要对行政处罚告知笔录进行了精简。《安徽省阜南县公安局行政案件快速办理工作规范》第 15 条规定，公安机关可以口头告知拟作出的行政处罚决定，并在行政处罚决定书中注明告知情况即可。《江苏省公安机关行政案件快速办理工作规定（试行）》第 17 条规定，公安机关可以口头履行处罚前告知程序，并在自书材料、权利义务告知书等其他案卷材料中注明即可。

第四，送达环节的文书精简。送达环节主要是对送达回执书的简省。烟台市公安局采用"App+当场处罚"的形式，被送达人在 App 中签名即可，而无须制作送达回执。《湖南省公安机关快速办理行政案件暂行规定》第 15 条规定，当事人在被送达的法律文书附卷联上签注即可，不再制作送达文书。

从以上四个程序步骤的文书精简可以归纳出快办程序对文书精简的两种类型：第一，由行政方式改变导致的文书精简。快办程序重要的加速技术是对行政方式进行改造，使用较快的方式取代较慢的方式，其中以非书面方式取代书面方式是行政方式改造的主要手段之一。在以非书面方式取代书面方式的过程中，自然实现了文书的精简。首先，快办程序以视频与音频取代询问、勘验、检查等笔录的制作。相较于书面笔录，录音、录像不仅是录入速度更快的行政方式，还可以还原执法过程原貌，能够证明供述是否自愿、真实以及执法过程是否合法、规范等问题。[①] 其次，以口头方式取代书面方式。快办程序在内部程序中，将呈批与决定的书面方式简

化为由口头方式和签字记录相辅助的形式，在实现程序加速的同时，保留了书面方式程序记录与责任确定的功能。但要说明的是，方式改造并非仅仅为了节约文书制作的时间，还从其他方面提升了程序效能，因此对文书的精简虽然和行政方式的改变存在交叉，但两者并不存在完全的包含关系。第二，文书的合并制作。首先，快办程序将内容交叉重复的文书进行了合并，比如对拟作出行政处罚决定的告知与行政处罚决定书合并，将到案经过与询问笔录合并等。其次，快办程序将一个步骤中涉及的文书进行了合并，比如违法犯罪嫌疑人体貌特征表、网上比对工作笔录、权利义务告知书等都是在询问环节制作的文书材料，这些文书可以合并于询问笔录之中，实现一个文书的多重信息承载功能。

二、减少审核与审批环节

法制审核是由行政机关内部专门的法制人员对案件办理的合法性进行审查，以保障行政处罚决定与行政处罚程序的合法性。2013 年 1 月实施的《程序规定》将法制审核作为行政案件办理的必要程序，其发挥着行政机关对行政处罚权进行自我约束的内部监督功能，以及法制部门为执法人员提供专业协助的功能。① 根据我国《宪法》的规定，行政机关实行首长负责制，因此行政处罚决定应当由行政机关的负责人作出。《行政处罚法》第 57 条第 1 款规定，行政机关负责人应在对调查结果审查后作出处罚决定。可见，行政处罚决定的审批制度既是为了明确行政处罚决定的责任主体，也是为了实现行政机关负责人对行政处罚决定的监督。因此，审核与审批担负着保障行政处罚决定审慎性与准确性的重要功能。从实践情况来看，治安案件办理需要三级或四级审核、审批（办案机关法制员审核—派出所负责人审核—法制部门审核—分局领导审批）。快办程序不仅减少了行政案件的法制审核步骤，甚至减少了行政机关负责人的审批步骤。

第一，对审核步骤的减少。快办程序对法制审核步骤的减少主要指的

---

① 欧元军，何剑. 论公安案件法制审核制度的功能定位 [J]. 公安学研究，2019（06）：8-9.

是法制部门对案件审核步骤的删减，行政机关适用快办程序的行政案件仍
然需要经过办案机关法制员或办案部门负责人的审核。第二，有些地方的
公安机关虽然没有减少法制部门对案件的审核，但是其精简了派出所法制
员及派出所负责人的审核并且取消了分局负责人的审批步骤。例如，烟台
市公安局将快办程序与办案 App 结合，执法人员可以当场作出行政处罚决
定，而行政处罚决定作出前，只需法制部门审核拟作出的行政处罚决定
即可。①

三、降低证明标准

行政处罚的证明标准是法律法规对行政处罚机关认定违法事实存在所
要达到的证明程度的要求，有学者认为由于行政处罚属于制裁强制类的行
政行为，因此应当采用排除合理怀疑的证明标准。② 但实践中，行政机关
会根据处罚行为对行政相对人权利影响的大小采取不同的证明标准，通常
来说，适用普通程序的行政案件采用明显优势证据的证明标准，但当涉及
行政拘留处罚时，会适用排除合理怀疑的证明标准。如在司某某诉东明县
公安局行政处罚案中，法院认为几个证人的证言之间存有矛盾，不能排除
合理怀疑，因此撤销了行政处罚决定。③ 有学者认为，可以将证明标准代
表的可能性在刻度盘上大致标明，明显优势证据的可能性在 75% ~ 99% 的
刻度区间，而优势证据的可能性在 51% ~ 75% 的刻度区间。④ 快办程序要
求，在违法嫌疑人自认违法事实的基础上，只要音视频记录、电子数据、
检查笔录等关键证据能够相互印证，即可达到证明标准。

规范性文件对证明标准的规定采用了二种方式：第一，规范性文件沿

---

① 参见《烟台市公安局互联网+行政速裁案件办理机制》。

② 杨小君. 行政诉讼问题研究与制度改革［M］. 北京：中国人民公安大学出版
社，2007：276-277.

③ 参见山东省菏泽市中级人民法院（2014）菏行终字第 42 号行政判决书。

④ 宋华琳. 当场行政处罚中的证明标准及法律适用——"廖某荣诉重庆市公安
局交通管理局第二支队道路交通管理行政处罚决定案"评析［J］. 交大法学，2010
（01）：262-263.

用了《程序规定》的表述。第二，在使用《程序规定》表述的基础上，从反面规定没有达到证明标准的情形。例如，《广东省公安机关行政案件快速办理工作规定（试行）》规定，仅有违法嫌疑人陈述的不能定案，以及仅有违法嫌疑人询问笔录及现场笔录且无违法嫌疑人本人签字的不能定案。第三，采用概括式与列举式相结合的方式明确证明标准。如湖南省、内蒙古自治区等地的快办程序规定中，先使用《程序规定》中的表述概括了快办程序的证明标准，而后采用了列举的方式对常见案件的定案证据进行了明确。从上述规定来看，快办程序仍然采用了明显优势证据的证明标准，但其对证据充分性的要求明显低于《行政处罚法》第 54 条规定的全面收集案件证据的标准。

四、简化行政方式

行政方式的简化是快办程序实现加速的核心手段，其是指相较于行政处罚的普通程序，快办程序采用了更简便快捷的行政方式。《海警法》第 30 条第 3 款规定，海警机构可以使用录音、录像的方式替代书面询问笔录。《程序规定》第 45 条规定可以采用格式笔录、当事人依照模板自书以及录音、录像的方式取代书面询问笔录的制作。第 46 条规定了公安机关在处罚前告知程序中可以口头告知的方式取代书面告知。第 36 条规定公安机关可以电子送达方式送达法律文书。除了《海警法》与《程序规定》对行政方式的简化外，规范性文件主要采用了以下六种行政方式的简化手段：

第一，采用录音、录像方式取代询问、勘验、检查、辨认笔录。笔录制作是案件调查过程中耗时最多的程序步骤之一，而耗时较多的关键原因是书面记录的形式需要对当事人陈述、勘验、检查与辨认的内容进行转述，而转述过程中的语言编辑和记录耗时较长。相较于书面笔录的制作，录音、录像方式不仅不需要对记录内容进行文字转述与人工录入，而且可以还原执法过程原貌，对当事人供述是否自愿、真实以及执法过程是否合法、规范等问题进行全面反映。因此相较于录音、录像方式，书面方式的记录不仅耗时更长，而且对案件信息的记录也相对间接与片面。

第二，使用格式笔录制作现场笔录。现场笔录是对事件过程的记录，相较于勘验、检查与辨认笔录，现场笔录对案件情况的记录更具有整体性和动态性。但由于现场笔录是对案件事实、取证方式、强制措施采取情况等要素的全面记录，因此其记述的内容较多，制作耗时较长。而格式笔录会将案件可能牵涉的情形列出，并对需要补充的情形留白，执法人员只需要对案件涉及的选项打钩，并依据现场情况填写个案状况即可完成笔录的制作，故而能够较大幅度地提升现场笔录的制作效率。但现场格式笔录的制作针对的是一些案件办理有规可循的案件，对于特殊案件、复杂案件不宜适用。比如嘉兴市公安局针对赌博案件、出租房屋案件以及燃放烟花爆竹的典型案件设计了专门的现场格式笔录。

第三，简化辨认方式。《湖南省公安机关快速办理行政案件暂行规定》对当事人辨认的方式进行了简化，规定对于涉及多人的违法案件，执法人员可以在询问违法嫌疑人时，让其对照片进行辨认，并说明其他人员参与违法活动的情况即可，而无须再单独组织辨认和制作辨认笔录。虽然《程序规定》第 104 条规定，可以使用照片辨认的方式对违法嫌疑人进行辨认，但其仍然需要组织辨认并制作辨认笔录。而快办程序直接将辨认过程嵌入询问环节之中，不用依照辨认程序对辨认步骤、辨认对象数量的要求开展辨认活动。

第四，以口头方式呈请审批。通常来讲，对于需要审批的行政程序步骤，执法人员均需制作呈批表，快办程序则将书面呈批的方式更替为口头呈批。口头呈批一则减少了制作呈批表的时间；二则可以更直观地向审批人交代呈批内容和理由，而无须在书面呈批后进行催办或口头说明。因此，口头呈批是一种效率更高且交涉充分的行政方式。

第五，以口头告知方式取代书面告知。书面告知需要制作书面告知笔录，书面告知笔录载明的是被告知人的基本信息、违法事实、处罚依据、当事人陈述与申辩等内容，而在适用快办程序的案件中，这些内容多与行政处罚决定书存在重复。因此，不制作行政处罚告知笔录，而采取口头方式告知，减少了信息重复的文书制作。

第六，以电子送达方式取代书面送达。电子送达是指采用传真、电子邮件等进行送达的方式。电子方式可以缩短时空距离，取消时间延续和消息、图像传输的延迟，[1] 因此其满足了信息远距离快速传输的需求。

五、灵活设置办案场所

《公安机关执法办案场所设置规范》对办案区域的设置进行了规范，其要求：第一，办案场所应安全保密，并与其他功能区物理隔离；第二，候问室、询问室等不得设置在二楼及以上；第三，应安装应急报警装置；第四，应安装防护栏，并避免有凸出的硬棱角或悬挂支点；第五，室内通风并使用低压电源；第六，墙面门窗应作隔音和防撞处理；第七，询问室应当设置违法嫌疑人专用座椅。对执法办案场所的规范设置是执法规范化建设的重要内容，其旨在保护执法人员与行政相对人的人身安全并避免行政相对人逃逸。

法律与部门规章并没有对快办案件的执法办案场所作出规定，部分地方的公安机关要求设置快办专区，但各地对快办专区设置的态度并不一致。多数公安机关要求，快办专区应当设置在原有的执法办案区内，也即其应当满足《公安机关执法办案场所设置规范》的要求。例如，内蒙古自治区明确规定不得将快办程序的涉案人员带至办案区以外的其他场所。但也有公安机关对快办程序的办案场所进行了灵活设置。比如，浙江省规定，对于可能处以警告、单处罚款或不予处罚的快办案件可以在调解室进行询问调查。还有部分地区对快办程序的办案场所进行了彻底的灵活性改造。例如，烟台市公安局将面包车改造成速裁办案车，该车可以作为办案场所对违法嫌疑人进行人身检查和询问。

六、缩短程序时限

依照《行政处罚法》的规定，行政案件的办理期限为立案之日起90

---

① ［法］保罗·维利里奥. 解放的速度［M］. 陆元昶，译. 江苏：江苏人民出版社，2004：13.

日,《程序规定》将适用普通程序办理的行政案件的办理期限设定为自受理之日起 30 日,案情重大、复杂的经批准可以延长 30 日。快办程序对案件的办理期限进行了限缩,《海警法》第 30 条第 4 款规定,适用快办程序的案件,应当在当事人到案后 48 小时内办结。《程序规定》第 47 条规定,公安机关应当在违法嫌疑人到案后 48 小时内作出处理决定。各地公安机关的规范性文件也多数采用了嫌疑人到案后 48 小时的办案时限,但也有个别地区将办案期限限定为 24 小时,如浙江省嘉兴市将办案的一般期限规定为 8 小时,特殊情况下不超过 24 小时。

七、总结：快办程序的加速方式

加速技术是程序加速所采用的具体工具,而工具发生效用的方法则是加速技术实现加速的主要方式。对加速方式的归纳是对加速发生原理的总结,可以更直观与本质地看到加速对普通程序的影响,更便于对形式多样且在发展之中的加速方式进行法律规范。有学者认为,快办程序通过内部程序的舍弃以及采用独立的证明标准和多元化的调查形式实现了程序的加速,[①] 即快办程序的加速技术删减了部分程序环节,改变了部分行政方式,而且使用了信息需求量更少的证明标准。然而快办程序加速技术的实践样态表明,上述概括对于加速技术实现加速方式的总结既不周延也不够准确,比如其既没有将办案场所的灵活化归纳到三类加速方式之中,"独立证明标准"与"多元化的调查形式"也没有阐明加速方式实质发生的原理。笔者认为,加速技术对程序的加速主要采用了以下三种方式:

第一,加速技术实现了单个过程的加速。单个过程的加速是由于科技或管理技术的进步而引发的,这个加速过程往往是基于某种目的而对手段实施的加速。科技的变革带来了运输的加速、通信的加速与生产的加速。首先,科技变革压缩了信息传输的时空距离。哈维将时空压缩定

---

① 李文姝. 行政案件快速办理程序构造论 [J]. 人大法律评论, 2020 (01)：184-188.

义为"花在跨越空间上的时间缩短了，空间显得收缩成了远程通信的一个'地球村'"。① 时空距离的缩短当然离不开运输工具和通信工具的科学进步，人类从马背时代到飞机时代，从电话时代到信息时代，空间距离的感知已经逐渐被时间长短的感知替代。而随着信息传输的空间距离的消弭，行政方式与行政程序也有了加速的基础。线上方式取代线下方式、交通违章的异地处理方式，以及行政机关内部电子材料的传输取代纸质材料的递送等，都是通过消除空间距离提高了程序的速度。其次，科技变革提高了信息的获取与分析效率。信息的获取与分析效率的提升是指信息能够在单位时间内被更多地获取，以及在单位时间内被更快速地进行处理。而这一过程的提速，自然离不开科学技术的应用。从早期的抓拍电子眼、验尿试纸到询问、检查、辨认等过程录音、录像的应用，都是信息获取与处理信息速度的提升。

第二，加速技术删减了部分程序环节。对普通程序相关步骤的删减是通过对个别耗时过程的删除以实现程序整体耗时的缩短。从快办程序加速技术的实践样态来看，其在两个方面删减了程序环节：首先，加速技术通过对某个程序步骤的整体删除而节省了该步骤的耗时。对某个步骤的整体删除必然使得该步骤应当发挥的功能直接缺失。比如对法制审核环节或审批步骤的删减。其次，加速技术对某个步骤进行了缩短，其既不同于由技术和管理改进带来的过程加速，也不同于对步骤的整体删除，而是对原有步骤实施充分性的缩减。质言之，加速技术对某个程序步骤的缩短，是在保留原步骤的情形下，以牺牲其功能充分实现为代价来减少投入其中的时间。比如，快办程序对证明标准的降低，就是通过减少信息收集的数量以促使调查过程尽快终结。加速技术对程序环节的删减可能会影响到原有步骤功能的实现，因此这类加速方式的使用往往是通过速度提升的收益弥补程序功能的减损，但如果相关的步骤功能重叠交叉，对其实施删减则可以在不减损程序步骤功能的情形下提升程序的速度，比如对相关法

---

① ［法］戴维·哈维. 后现代的状况——对文化变迁之缘起的探究［M］. 阎嘉，译. 北京：商务印书馆，2013：300.

律文书的合并制作可以在不减损信息记载功能的前提下，节约文书制作的时间。

第三，加速技术缩短了行为之间的时间间隙。加速技术对行为时间间隙的缩短是将程序中行为过程衔接的节奏变得更加紧凑，以此提高单位时间内的行为数量，节约案件办理的时间。程序往往有行为顺序的要求，某些行为须在另一行为之前发生，因此，如果一个行为出现停滞，则后续行为就必须等待，而加速技术试图消除行为之间等待的时间。首先，加速技术创设了更灵活的行为顺序，某个行为在当下无法完成的情况下，执法人员可以先进行其他行为，后续再对此行为进行补充。比如以口头呈批后续签字的方式取代原有的事前书面批准的方式，可以减少签字等待的时间。其次，通过多个行为的同时进行减少行为间的时间间隙。由于执法人员数量、办案场所等资源的限制，存在多个当事人的行政案件往往出现询问过程的排队。加速技术通过当事人自书以及办案场所的改造，可以使多个当事人同时进行案情自述，实现了多个行为的同时进行。

第二节　加速技术使用对程序正当性的影响

从加速技术使用的三种加速方式可以看出，如果不考虑其他因素的限制，加速技术对行政处罚程序的速度改造是一个不断变快且无速度上限的过程。首先，只要科技与管理水平在不断完善与更新，则程序中的单个过程就可以实现持续加速；其次，在单个过程的加速达到暂时的极限以后，加速技术还可以选择删除程序中的过程以实现时间的节约，而删除的最大量则是将程序改造成纯粹的随机程序；最后，程序中的时间间隙也可以随着加速技术的创新而被不断地缩减。但行政处罚程序并不能完全发挥其加速潜能，首先，程序的加速程度受到社会加速规律的限制。"法律的功能仅仅在于能够保证期望的可靠性，而且恰恰是鉴于可见的、无法阻止的失望。"① 正是由于法律在社会加速过程中发挥了稳定期望的重要功能，加速循环的形成才有了稳定的制度环境。然而，法律速度也并非一成不变，当社会速度达到一定程度时，法律便会接受其他系统对其造成的更多的"干涉"和"喧闹"。② 即随着法律与社会其他系统之间的速度摩擦的加强，法律也会根据社会速度自身的加速需要被塑造。③ 可见，法律并非加速的推动者，其速度的提升是由于社会速度对其的拉动，因此行政处罚程序的速度将永远无法达到其在现有技术条件下的最大值。其次，快办程序的速度受到程序正当性的约束。速度提升虽然是必要的且必然的，但其一则只是实现程序改革的工具，二则要受到现有价值规范的约束。因此，如果快办程序的加速不能有效实现治理效能提升的改革目标或与社会价值规范相违背，则其速度同样会受到限制。加速规律虽然决定了程序的速度上限，但在立法过程中，其只表现为对法律加速的推动，而非限制。故而，在快办程序过程中，对程序速度予以控制的主要手段则是程序的正当性。

一、加速技术使用对程序工具正当性的影响

程序的工具正当性要求快办程序的加速至少应当保持行政处罚普通程序的工具效能。在社会加速的背景之下，时间资源的稀缺性不断提升，当事人与执法机关投入行政处罚程序的成本与过去相比明显增加。因此，减少对程序的时间投入，可以使执法速度与社会速度相匹配，提高执法机关与当事人对时间的利用效率，从而有效地改善程序效能。快办程序的出现根源于社会速度的普遍提升，由于社会时间持续的结构性加速，导致社会

---

① ［德］尼克拉斯·卢曼. 社会的法律［M］. 郑伊倩，译. 北京：人民出版社，2009：78.

② ［德］贡塔·托依布纳. 法律：一个自创生系统［M］. 张骐，译. 北京：北京大学出版社，2004：116.

③ ［德］哈尔特穆特·罗萨. 加速：现代社会中时间结构的改变［M］. 董璐，译. 北京：北京大学出版社，2015：111.

革新的频率加快以及需要规范和管理的事项增加，① 进而造成执法人员需要投入时间处置的事务增多。在执法资源有限的情形下，如果不加快处置案件的速度，不仅会使部分事务得不到处置，还会造成执法资源在重大事项上的弱分配，致使公共利益遭受损失。对于参与行政处罚程序的当事人来说，其在加速社会中同样面临生活与工作节奏的加快，程序的繁复拖延会使其付出高昂的机会成本。由此可见，加速技术越快，程序能够节约的时间成本越多。如本书第三章所述，在节约执法资源的同时，快办程序的加速技术也可能在两个方面影响快办程序的工具正当性：第一，对程序环节的删减可能导致程序的目标无法实现，进而提高程序的错误成本与道德成本。原有程序的各个环节与步骤皆有其所要实现的程序功能，虽然部分功能可能存在"肿胀"与重复的问题，但有些功能却直接影响着程序所要实现的目标。比如法制审核环节就是要对行政处罚决定进行内部的合法性与合理性监督，并为其提供法制资源，以保障行政处罚决定的准确性。对法制审核步骤的删减，则必然会提升行政处罚决定的错误概率，使程序的工具正当性受损。第二，加速技术的使用也会对程序的过程收益产生影响，即当速度处于合理范围时，当事人不会认为加速创造了非理性的行政处罚决定，而如果速度过快，则当事人就会认为行政处罚决定作出的过程是鲁莽的。因此，由于快办程序加速技术的具体性，加速特性只是其对程序工具正当性产生影响的一个变量，其自身的多重特性皆可能对快办程序的工具正当性产生影响。故而，加速技术对快办程序正当性的影响是多方面的，对其应用的限制也只能在具体技术使用的语境下作成本与收益的分析，并尽可能地实现其在应用过程中的效能最大化。

二、加速技术使用对程序内在正当性的影响

社会加速虽然向个体作出了美好生活的许诺，即其可以在快速的生活中获得更多的生活体验，以在生命长度有限的情况下拓展生命的宽度。质

---

① ［德］哈尔特穆特·罗萨．加速：现代社会中时间结构的改变［M］．董璐，译．北京：北京大学出版社，2015：310-311.

言之，加速向个体应允了一种"有丰富的体验与能够充分自我实现的生活"。① 但社会变化的加速以及生活步调的加速不仅没有实现个体的自主性，反而在拉大知识与财富差距的同时，将个体异化为社会速度的附庸。在速度不断加快的社会中，工作、生活以及未来都需要人们不断加快自己的脚步跟上社会变化的更迭，否则其将脱离"竞速赛道"，失去参与社会竞争的机会，因此"努力"更快地生活成为个体不得不面对的压力，而非其最初希冀的美好体验。相较于那些拥有更丰富知识以及财富的人，受教育水平较低以及相对贫困的群体无论是在加速技术的获取、新知识的学习、未来生活的规划，还是风险的应对等各方面都存在劣势，随着社会速度的持续加速，其竞争劣势会被不断拉大，成为最易被风险侵袭的群体。由于社会加速闭环的存在，加速本身就是社会速度发展的内在逻辑，因此，其不会因为落后群体的存在而停止加速。但政治与法律却不同，其将公平作为所有价值中的最高目标，② 当由社会加速推动的程序加速可能造成不公正的制度设计时，法律会对加速保持警惕与克制。加速技术的使用可能在以下两个方面对程序正当性产生影响：

第一，对行政处罚决定准确性的过分牺牲可能造成资源分配的实质不平等。程序加速对案件办理准确性的削弱在影响程序工具正当性的同时，还可能突破程序内在正当性的边界。如上所述，行政处罚程序内在正当性的边界可以被简化为《行政处罚法》中一般程序规定的具体要求，但两者并非完全等同，后者虽然可以作为对程序具体内容进行正当性审视的标准，但其却不能对程序适用过程中带来的不平等现象进行评价。故而，当程序加速深度的选择带来社会资源分配的不平等时，还需使用罗尔斯的正义原则对其进行正当性的评判。程序加速之所以会造成资源的不平等，一则是由于时间资源对不同社会群体的价值意义不同；二则是由于时间与案

---

① ［德］哈特穆特·罗萨. 新异化的诞生：社会加速批判理论大纲［M］. 郑作彧，译. 上海：上海人民出版社，2018：37.

② 刘作翔. 公平：法律追求的永恒价值——法与公平研究论纲［J］. 天津社会科学，1995（05）：99.

件办理准确性的价值会随着加速深度的不同而有所差异。之所以会产生上述差异，是由于不同社会群体之间所处的时间结构不同，其对时间的需求有差别。对处于较快速时间结构中的个体来说，时间将是最重要和最稀缺的资源，因此行政处罚决定准确性的价值远不及时间的价值。但对处于较慢时间结构中的个体来说，当程序加速的深度已经与其时间结构匹配的时候，再通过牺牲行政处罚决定的准确性换取程序的加速则不仅不会使其从加速中获取额外收益，还可能使其因案件错办而遭受损失。由此，当处罚程序的加速深度超过某一界限时，其不会对所有社会群体的利益都有增进，而只是使那些处于快速时间结构中的群体有所增益。而处于快速时间结构中的群体，其对社会时间的资源利用更有效率，往往是在社会竞争中处于优势地位的人。因此，当快办程序的加速深度达到某一界限时，再通过牺牲案件办理准确性的方式提升程序速度，则会造成程序的不公正。故而，程序的内在正当性要求快办程序的加速对案件办理准确性的牺牲在一定的范围内，避免因程序过度加速而导致资源分配的不公正。

第二，加速技术的使用可能影响行政处罚一般程序规定所保护的当事人权利的实现。无论是先进科技的使用、程序环节的删减还是行动间隙的缩短都可能导致当事人的程序权利不能充分实现。首先，由于科技使用存在技术门槛，而当事人的知识范围存在差异，因此当快办程序采用技术加速的方式提升某个过程的速度时，可能致使当事人因知识能力的有限性使自身的程序权利无法实现。一则快办程序加速技术的选择，可能影响行政决定的可理解性。科技对行政处罚程序的加速主要作用于信息的获取、传输以及分析处理过程。其中信息的分析处理过程是行政处罚决定逻辑产生的过程，如果该过程中的科技应用对当事人来说是知识黑箱，则科技应用就可能造成行政处罚决定理由的不可理解，程序内在正当性的风险就会显现，具体可能表现为当事人因对行政处罚决定的不理解使其难以有针对性地行使陈述与申辩权，以及由算法歧视带来的适用不平等的问题。[①] 二则

---

① 胡敏洁. 自动化行政的法律控制［J］. 行政法学研究，2019（02）：62.

当事人可能不具有使用科技产品的能力。应用先进技术的加速方式不仅可以改造由执法人员操作的行政方式，还可以作用于当事人参与程序的行为方式，比如违章自助处理机或交通违章自助处理 App 等都是科技对当事人行为方式的加速改造。若当事人没有能力使用科技产品，则可能导致当事人不能通过新的行为方式有效行使自身的程序性权利，比如老年人可能无法通过自助处理机行使陈述与申辩权。除此之外，当科技使用是唯一的行为方式时，快办程序便无法平等地适用于无使用能力的当事人。其次，删减程序环节本身是对程序步骤的整体删除或功能删减，因此其既可能对当事人参与的程序步骤进行删除或删减，也可能通过删减执法人员的程序步骤而间接致使当事人的程序权利受损。以口头履行处罚前告知义务为例，在普通程序中处罚前的告知需要执法机关制作处罚前告知笔录，告知笔录采取书面方式，涵盖以下主要内容：一是拟作出行政处罚决定的事实、理由和依据；二是当事人对上述内容的陈述与申辩。相较于其他的行为方式，书面方式是一种更正规和严格的行为方式，一则可以更清楚地表达行为内容；二则可以作为证明行为存在与事后审查的依据。若以口头方式进行告知，当事人对于事实、理由和依据的获取和理解程度显然不能与书面方式相比较。在当事人不能对告知内容清晰获取和理解的情况下，其陈述与申辩权行使的有效性则会存疑。由于陈述与申辩是影响程序内在正当性的关键步骤，因此对拟作出行政处罚决定书面告知的删减，影响了当事人信息获取的充分性与准确性，使其陈述与申辩权的行使受到影响。最后，对行动间隙的缩短可能会影响当事人参与程序的准备。目前虽然没有明显的制度样本，但是对当事人行为间隙的缩短，必然会影响其参与程序的效果，比如对陈述与申辩前的准备时间的缩短，就可能使当事人无法作出充足的准备。① 综上，程序内在正当性要求快办程序在选择加速技术时，要避免因程序加速而导致当事人程序权利的削减。因此，程序内在正当性会通过限制加速技术的选择影响程序加速的上限。

① 宋华琳，郑琛. 行政法上听取陈述和申辩程序的制度建构 [J]. 地方立法研究，2021（03）：52-68.

128

第三节　程序正当性对加速技术使用的控制

一、对精简文书材料的程序正当性控制

以文书的形式记录行政案件的实体内容和程序过程是规范行政权力运行的重要措施。在行政处罚过程中，文书材料主要发挥了保存、记录信息的重要功能，一是对案件事实与证据的记录；二是对案件办理过程的记录；三是对行政决定的记录。通过对上述三类内容的记录，文书材料可以实现以下四个方面的作用：第一，监督与规范行政处罚权力运行的功能。即通过对程序过程的书面记录，可以在事中督促执法人员按照法定要求履行程序步骤，在事后回溯行政处罚决定的作出是否存在程序违法或程序瑕疵。第二，作为行政处罚决定、行政复议与行政诉讼的证据予以使用。行政处罚决定过程中制作的所有文书材料，均可作为证明行政处罚决定合法或违法的证据予以使用，而其中对案件事实记录的文书可以作为支持行政处罚决定合法与合理的证据材料。第三，实现信息传递的工具。信息的传递需有必要的载体，书面形式是一种客观、准确且能够长期保存的信息传递载体。第四，能够体现行政决定的权威性与合法性。[①] 文书材料是被法律法规赋予的唯一具有合法性效力的决定形式，非文书的其他形式不能作为对外生效的行政决定形式。如上所述，快办程序对文书材料的精简采用了替代与合并两种方式。对文书材料的替代是用其他的记录方式取代文书的制作，或者以其他的传递方式取代文书的传递。对文书材料的合并则是将记录于多份文书材料中的内容合并于一份材料之中。如果文书材料的简省并不会削减其对客观内容的记录、传递与保存的作用，则无论是替换记录方式还是合并文书制作，都不会减损文书材料的原有功能，也不会影响处罚程序正当性的实现。因此，如果以成本更低的方式实现原有文书材料的作用，则能

---

① 马宏俊主编．法律文书学［M］．北京：中国人民大学出版社，2019：34.

够在提升程序速度的同时改进快办程序的工具正当性。但如果文书简省以牺牲其原有作用为代价，则应当警惕其对程序正当性的影响。

第一，文书材料的简省不能影响其对信息内容的保存与记录。文书材料的第一、二、四项作用表明，文书材料本质上是记录客观内容的载体，其能够对行政处罚决定的合法性与权威性产生影响是由于法律规范认可其所记录内容的效力，即如果没有相反证据证明其记录的内容不存在，则法律规范就认可文书材料记录的内容属实。由此可见，决定行政处罚合法性与权威性的是文书材料所记录的内容，而非文书材料本身。因此，当文书材料的简省影响了第一、三、四项作用的实现时，实质上是由于记录或保存不完整导致信息内容缺失，使行政处罚决定缺失了合法性或权威性依据。此时，文书精简对程序正当性的影响本质上应是记录内容缺失对程序正当性的影响。质言之，当文书材料没有记录当事人的陈述与申辩，则当事人的陈述与申辩在法律意义上就不存在，快办程序就不具有内在的正当性。故而，文书材料精简不能影响其记录与保存功能的实现。

第二，文书材料的精简不能影响信息的传递效果。文书材料对信息的传递主要有两个步骤：一是对文书材料的交付，二是对交付结果的记录。前者体现的是文书的信息传递作用，后者体现的则是文书的记录与保存作用。通常来说，只要有文书交付结果的记录，即表明信息传递已经在法律意义上完成，但信息传递的效果如何则是由信息传递的第一个步骤予以保障的。由于文书材料可以准确、清晰地记录相关信息，因此一般作为信息传递的法定方式。快办程序为了精简文书的制作，将呈请呈批以及当事人告知等环节的信息书面传递改成了口头传递。相较于书面传递，口头传递方式可能使信息接收者接收到信息的质量与数量均有下降，进而使其决策的准确性受到影响。首先，对于执法机关内部的信息传递来说，信息传递准确性的下降引发的是相关决定准确性的下降，因此，是否简省文书材料，则要考量其成本与收益是否可能实现程序工具正当性的改进。信息越复杂，则其在传递过程中失真的可能性也就越大，故而，可以在信息的复杂程度与决定的错误概率之间实现转换，即文书简省的工具正当性仍然是错误概率与决定牵涉利益之间的计算。其次，对于向当事人传递的信息来说，都关乎当事人程序权利的实现，如果其不能准确传递，则当事人的陈述与申辩权、对行政处罚的监督权等权利无法得到保障。故而，对当事人的信息传递仍然应采用书面形式，或更准确的方式进行。

二、对减少审核审批的程序正当性控制

法制审核最早出现于《中共中央关于全面推进依法治国若干重大问题的决定》之中，文件提出"要严格执行重大执法决定法制审核制度"，随后《法治政府建设实施纲要（2015—2020年）》对其进行了重申，2017年我国开始进行"三项制度"的试点工作，《行政处罚法》也在同年进行修改，要求对重大复杂案件进行法制审核。在快办程序出现以前，公安机关适用普通程序办理的案件都需经过法制部门审核。对行政处罚决定进行法制审核，一则可以发挥法制审核制度的监督功能，使行政处罚权规范运行，进而避免行政处罚决定存在不合理与不合法的风险；二则法制部门作出的法律意见能够为行政机关负责人提供重要的决策参考，法制审核制度还发挥着重要的决策支撑功能。[①] 有学者认为，法制审核的双重功能，实际是互相背离的，执法监督与执法过程没有办法形成完美的统一。[②] 然而，考察法制审核在行政处罚程序中的表现不难发现，法制审核的监督功能与决策支撑功能在行政处罚决定合法性与合理性实现的最终目标上得到了统一。办案部门为了能够顺利通过法制审核，其既会事先与法制部门进行沟通，以获取法制部门的支持，[③] 还会自己设置法制审核环节以确保能够顺利通过法制部门的审核。可见，法制审核的确发挥了内部监督的功能，在其监督之下，执法部门会主动寻求法制帮助，以确保行政处罚决定的合法

①　杨东升，韦宝平．重大行政执法决定法制审核制度论纲［J］．湖北社会科学，2017（07）：154-155.

②　欧元军，何剑．论公安案件法制审核制度的功能定位［J］．公安学研究，2019（06）：11-14.

③　欧元军，陆维福．食品药品行政处罚案件法制审核实证研究［J］．安徽医药，2019（01）：182-183.

性，在此意义上，法制审核环节又成为执法过程的一部分。无论是作为监督还是作为过程，法制审核都是执法机关通过投入法制资源以确保处罚决定准确性的手段。因此，法制审核监督和决策支撑功能只是法制资源投入在时间点上的不同，而无本质上的差别。

作为一个程序环节，法制审核在对拟作出的行政处罚决定进行检查的同时，也占用了一定的时间资源，即法制资源的获取需要必要的时间成本。笔者通过调研发现，一些刚刚适用快办程序的执法人员认为法制审核环节的删除是快办程序最有效的加速改造。之所以产生了这样的认识，一则是由于刚适用快办程序的执法人员对程序的操作尚不熟练，其需要学习与适应改变后的程序操作，因此与其他加速技术的加速效果相比没有直接删除某个步骤的效果更加明显。而法制审核环节一般需要 1~2 小时，因此法制审核环节的删除能够明显提升办案速度。二则是由于发挥监督功能的法制审核步骤带动了法制资源的前期投入。执法单位为了顺利通过法制审核，避免案件被退回补充调查，其会自己设置审核环节对拟作出的行政处罚决定进行审核。实践中一般增加派出所法制员和派出所负责人两个审核层级，在确保案件准确性的同时，使法制审核时间资源的投入进一步增加。快办程序对法制审核的删减并不是直接去除法制资源的投入，而是将法制审核环节放在了执法机关之中，即由所法制员取代法制部门的审核。作为执法部门中的人员，所法制员既为办案过程提供法制咨询服务，也为案件办理提供查漏补缺服务，因此，其更多地表现为决策支撑功能，而非法制监督功能。法制资源获取方式的改变，使法制资源获取的成本降低。首先，当法制资源以监督的方式供给时，纠正错误往往要求某个程序步骤的重新履行，而步骤重复必然导致时间与其他资源的重复投入。若是法制资源提前供给，则可以在行为过程中实现合法性。其次，由于所法制员与执法人员的沟通更便捷，对案件的审查也更快速，因此执法人员能以较低成本获取法制资源。

但也应看到，快办程序对法制审核环节的删减，造成了法制资源供应的减少。一是由于所法制员可能与法制部门的能力水平存在差距；二是由于所法制员作为办案机关的内部人员，在中立性不足的情况下可能不会充分供给法制资源。基于此，在重大复杂案件中，法制资源的供给不足，可能造成案件办理准确性的降低，当法制审核环节简省的收益低于成本时，程序也就失去了工具正当性。因此，快办程序对法制审核环节的删减既要考量法制资源获取的成本与收益，还要考虑快办程序受案范围的设置。

三、对降低证明标准的程序正当性控制

依照《行政处罚法》第 54 条的规定，行政处罚机关应当全面收集案件证据，而快办程序仅要求有相互印证的关键证据即可定案。证明标准影响案件办理的准确性，而准确概率与牵涉利益共同左右了程序的工具效能。因此，证明标准的调节应当与案件所牵涉的利益相匹配。如果案件牵涉利益较大则证明标准也应提高，从执法实践来看，行政机关会根据处罚行为对行政相对人权利影响的大小采取不同的证明标准。通常来说适用普通程序的行政案件会采用明显优势证据的证明标准，但当涉及行政拘留处罚时，会适用排除合理怀疑的证明标准，如在司某某诉东明县公安局行政处罚案中，法院以案件证据不能排除合理怀疑为由，撤销了行政处罚决定。[①] 相较于牵涉利益较小的案件，证明标准降低会造成牵涉利益较大的案件支付更多错误成本与道德成本，进而对程序工具正当性产生较大影响。除此之外，若在某个执法领域中存在特殊证明标准，关键证据相互印证的一元标准同样可能阻碍程序效能的实现。比如在海上行政执法中，《海警法》设置了特殊证明标准，即如果当事人存在故意损毁证据等情形，海警机构可以采用优势证据的证明标准推断违法事实的存在。在此执法情景中，若快办程序使用更高的证明标准会使案件办理的直接成本高于普通程序。

在快办程序中，只要有违法嫌疑人自认违法事实，并有关键证据能够对其陈述进行印证，即可认定违法事实存在。虽然当事人陈述是能够反映主要案件事实的直接证据，但由于其本身具有主观性，因此单独凭借违法

---

① 山东省菏泽市中级人民法院（2014）菏行终字第 42 号行政判决书。

嫌疑人的陈述并不能确切认定违法事实的存在。若是有其他来源的证据能够对违法嫌疑人陈述予以印证，则该陈述的真实性便得到了验证，在此意义上，印证是对证据证明力的要求。① 然而，印证的作用不仅是强化某个证据的证明力，还是一项重要的证明方法，即执法人员应运用印证的方式来判断证据之间是否存在矛盾，能否形成完整的证据链条等。② 即印证是所有执法程序都普遍采用的证明方法，而非快办程序自行创设。之所以说快办程序通过证明标准的降低实现了加速，是因为快办程序减少了证据收集的数量，将《行政处罚法》全面收集证据的要求，降低为只收集关键证据。之所以要全面收集案件证据，是由于证据的全面性可能影响单个证据的证明力、案件事实的真实性以及证据链条的完整性。通常来讲，证据越多不仅能够更全面地反映案件事实以使违法构成要件都有客观化的证据予以证明，③ 而且可以增加证据之间的信息交叉点，使其印证或排斥的特征更加明显，更有利于执法人员对案件的事实作出判断。基于此，证据数量实则影响了案件的证明标准：其一，减少证据数量可能使得案件信息不能得到全面反映；其二，减少证据数量可能过滤掉与待证事实相反的证据。

关键证据相互印证的标准在减少证据收集数量的情形下，无疑提高了案件办理错误的概率，但由于快办程序适用于事实清楚的案件，因此证据数量的减少不会过滤掉过多证据，也不会忽视主要的反面证据，故其对错误概率的提高并不明显。尽管如此，快办程序仍然可以通过调节证明标准，优化自身的工具正当性。证明标准决定了案件办理的错误率，依据案件所牵涉利益的大小，不同案件可容忍的错误率存在差异，而不同领域对错误率的接受程度亦不相同，因此一元化的证明标准难以保障快办程序在所有案件中均具有工具正当性。有学者认为，要根据案件的类型、证明的难易程度、行政决定的重要性、行政管理的特点等来确定证明标准。④ 而

---

① 陈瑞华. 论证据相互印证规则 [J]. 法商研究，2012（01）：113.

② 汪海燕. 印证：经验法则、证据规则与证明模式 [J]. 当代法学，2018（04）：32.

③ 左卫民. "印证" 证明模式反思与重塑：基于中国刑事错案的反思 [J]. 中国法学，2016（01）：163.

④ 徐继敏. 行政证据制度研究 [M]. 北京：中国法制出版社，2008：146-152.

快办程序为实现最优的工具正当性也应当依据案件所牵涉利益以及不同的执法领域构建多元化的证明标准。

第一，快办程序应依据牵涉利益大小设置不同的证明标准。快办程序对于证明标准的降低依托当事人对违法行为的自认，证据之间的印证也是为了补强当事人陈述的真实性。笔者认为，在不同的案件中，可以对当事人陈述的真实性进行差异性的认定。牵涉利益较大的案件能够接纳的错误率较低，这类案件中的当事人陈述应全部存疑，其自认事实均需有客观证据与之印证，即行政违法责任的主体要件、客体要件、主观要件与客观要件均应有当事人陈述以外的证据对其证明。而对于其他案件可以采用相对较低的证明标准，即直接认可当事人陈述中部分内容的真实性。当事人陈述中的客体要件与客观要件直接反映了违法行为是否存在以及行政管理秩序是否遭到了破坏，其是行为应受行政处罚的该当性判断，[①] 若无客观证据予以证明，则不能说明存在应受处罚的行为。而当事人自认的主体要件事实与主观要件事实相对可信度较高，因此在牵涉利益较小的案件中，可以直接予以采纳。如违规燃放烟花爆竹类案件，现场照片只能反映违法行为存在并且破坏了行政管理秩序，但对燃放主体以及燃放人的主观态度无法印证。

第二，快办程序应根据不同的执法领域设置不同证明标准。在不同的执法领域中，取证难度与执法特点并不相同，因此案件的证明标准也有差别。以海警执法为例，由于海洋的广袤，船舶靠近的时间较长，因此违法行为人往往会利用船舶靠近的时间向海中倾倒毒品、渔获以及其他赃物，执法人员在没有查获赃物的情形下很难定案。基于此，《海警法》规定了推定事实存在的证明标准。[②] 该种情形下，若快办程序仍坚持查获赃物与当事人的陈述相互印证，则其证明标准不能满足现实的执法需求。故而在存在特殊证明标准的执法领域，快办程序也应调试自身的证明标准。

---

① 熊樟林. 应受行政处罚行为模型论［J］. 法律科学（西北政法大学学报），2021（05）：70.

② 参见《海警法》第 35 条。

四、对行政方式简化的程序正当性控制

行政方式的简化依赖于科技与新的管理技术的应用，在程序步骤实体目标同等实现的情形下，单个过程的加速无疑可以使行政处罚程序的工具效能得到改善。随着科技的不断发展，技术不仅压缩了空间的距离，而且不断缩小了时间的距离，行政方式也因为科技变革而不断更迭，如自动化处罚、电子送达、试纸验毒等更简洁、更快速与更低成本的行政方式不断涌现，从当前快办程序的规范文本与科技的发展状况来看，行政方式的变革有巨大的潜力可以挖掘，快办程序的工具正当性还可以得到更进一步的提升。尽管可以利用更先进的技术对行政处罚程序进行加速改造，但快办程序却只是审慎地使用了实践中已经发展得较为成熟的行政方式，其之所以没有过分追求行政方式的科技变革，主要是由于程序内在正当性对行政方式简化的限制。如上所述，由行政方式转变推动的程序加速虽然满足了加速社会的结构性要求，但也为快办程序带来了相应的正当性风险。在数字化变革的时代，诸多领域的行政方式变革都产生了正当性挑战，其不仅表现为因方式转变造成的正当性衰减，还表现为对关键正当程序步骤的省略，如自动化处罚方式对听取陈述与申辩步骤的直接简省。① 虽然，国家相关的政策文件②，要求对程序实施与实体决定过程进行数字化方式的变革，③ 但数字化方式变革带来的程序正当性问题必须得到有效的解决。

对于行政处罚的快办程序而言，行政方式的变革不能使《行政处罚法》一般程序所保护的当事人的程序权利被减损，如果当事人权利得不到充分的实现，则行政方式的变革就会存在正当性风险。然而，权利被剥夺是一个容易被判定的明显现象，但权利是否被充分实现却常常存在判断上的争议。有学者深刻地捕捉到，从信息论的视角来看，正当程序在权力主

---

① 参见"舒某强诉北京市公安局西城交通支队等案"，北京市西城区人民法院（2019）京 0102 行初 277 号行政判决书。

② 如《关于加快推进"互联网+政务服务"工作的指导意见》《新一代人工智能发展规划》。

③ 展鹏贺. 数字化行政方式的权力正当性检视 [J]. 中国法学，2021（03）：120.

体与权利主体之间发挥了重要的"信息工具"功能，信息的传输、沟通交换与反馈处理克服了行政主体与相对人之间的信息不对称。其认为公开、告知、说明理由等程序要求是信息发送的机制，而听取陈述与申辩是信息沟通的机制，作为救济的程序则是信息矫正的机制。[①] 尽管从信息工具的角度看待正当程序，没能将程序权利与人的道德主体地位相连接，但由于人的道德主体地位必须建立在充分的信息接收与信息表达之上，因此执法主体与当事人之间的信息交换量能够成为快办程序中行政方式变革的正当性标准。当快办程序采用了某一种更快速的行政方式，则程序正当性的变化即是新方式对程序信息交换量的影响，如果其减少了行政处罚主体与行政相对人之间的信息交换，如以口头方式告知使当事人获取信息与反馈信息的能力变弱，那新的行政方式则削减了快办程序的正当性。当新方式削减快办程序原有的信息工具功能时，就需要增加信息交换的渠道，弥补新方式造成的信息不对称，如有学者指出，在自动化行政处罚程序中，告知理由与听取陈述、申辩的步骤顺序可以后移，成为一种行政处罚决定的监督机制。[②]

五、对灵活设置办案场所的程序正当性控制

办案场所的规范化是公安执法规范化建设的重要内容之一，通过对办案场所进行规范化的设置以规范办案流程，保障当事人的合法权利，避免出现刑讯逼供以及当事人的非正常死亡等现象。在规范化设置的办案场所中，执法人员能够较为自觉地履行法定流程、运用处罚权力，但执法办案场所设置不足也是执法办案实践中执法人员不得不面对的现实问题。当办案场所出现排队使用的情形时，执法人员会违反公安部"四个一律"的规定，将违法情节较轻的嫌疑人带至办公区或其他区域进行询问，在没有侵

[①] 张凌寒. 算法自动化决策与行政正当程序制度的冲突与调和 [J]. 东方法学，2020（06）：8.

[②] 马颜昕. 自动化行政方式下的行政处罚：挑战与回应 [J]. 政治与法律，2020（04）：143.

犯当事人合法权利的情形下，司法裁判并没有否定上述做法的程序合法性，其认为办公室亦是办案场所。① 由此可见，办案场所的规范化是公安机关对自我的严格要求。

尽管公安机关的自我要求是非常必要的，其能够提升权力运行的规范化水平，但在办案场所有限的情形下，仍对所有案件都予以适用则可能造成执法资源的浪费。第一，办案场所会限制案件办理的速度。通常来讲，一个基层派出所配有三间到四间询问室，询问违法嫌疑人一般至少需要 30 分钟的时间。在案件高发时段，询问室与候问室根本不能匹配待询问的嫌疑人数量。此时则会有案件办理的排队现象，造成时间资源的浪费。而对于违法嫌疑人自认违法事实的案件来说，执法人员并没有逼供、诱供的动机，嫌疑人也不会自残、自杀，此时保障执法场所的高标准并无必要。因此，对这类自认违法事实嫌疑人的询问可以在有相应办案设备的场所进行。第二，在海上执法中，往返办案机关的成本极高。根据该规定，海警机构办理海上治安案件时，除了适用当场处罚程序的案件，其余均应将违法嫌疑人带至岸上进行询问。由于船舶航行的耗油量大，因此往返案发地点与办案场所需要耗费执法机关与行政相对人较多的成本。如果案发地点在领海以外的专属经济区或者违法船舶是外籍船舶，则行政相对人因为案件办理而受到的实际损失更大。不仅如此，由于海上的自然环境恶劣，押解违法船舶返港还存在出现意外事故和违法船舶逃逸的风险。因此，构建办案场所的海上延伸可以有效地节约办案成本与减少执法风险。

可见，在快办程序中灵活设置办案场所不仅能够节约办案资源，而且在海上执法中还有利于规避案件办理中的风险。但灵活设置办案场所也不能将办案场所的设置随意化。笔者认为，至少应当满足三项基本要求：第一，设置的办案场所中应当能够全程录音、录像；第二，办案场所的空间及环境不能使当事人感到恐惧、压迫或产生其他无法忍受的负面感受；第三，办案场所应有相应的办案设备作为案件办理的基础性支持。上述三项

---

① 参见"孔某与北京市公安局通州分局行政处罚一案二审行政判决书"（2019）京 03 行终 783 号。

要求是办案场所设置的底线要求，主要保障当事人能够在一个安全且条件合理的情境中作出陈述，不致因场所环境的恶劣而遭到伤害。一般场所经改造后均可达到上述条件，比如，烟台市公安机关将面包车改造成满足上述要求的速裁办案车。而办案机关的调解室、办公室、海警执法船等相较于面包车具有更大的改造空间，更易于达到办案场所的基础标准。

六、对缩短程序时限的程序正当性控制

限定办案时限能够为执法人员提供强制性的指引与限定，[①] 使其行为受到时间的制约，不敢以官僚主义作风恣意地拖延与延缓办事效率。[②] 限定办案期限之所以也是重要的加速技术，正是由于其能够对执法人员形成时间压力，加快执法人员的办案节奏，进而缩减程序步骤之间无用的时间耗损。尽管限定办案时限可以提升程序的速度，但办案时限提速的潜能却较为有限，快办程序应将其设置在合理的限度之内。如上所述，限定办案时限的作用在于压缩程序步骤之间非必要的时间间隙，因此程序中时间间隙的压缩量是限定时限技术加速的上限。非必要的时间间隙一则会使当事人处于无效的等待状态；二则也会因程序拖延造成行政资源的无辜浪费。除了步骤间隙对办案时限的影响之外，程序步骤自身所需的时间也会影响办案时限的设定，但程序步骤的速度并非由程序时限决定，而是受控于其他的加速技术。也即是说，当快办程序采用了较快的加速技术时，其办案时限自然应当与之匹配，若快技术搭配慢时限，则会拉长程序步骤之间无效时间的间隙，从而影响程序的效率。综上，笔者认为，快办程序办案时限的设定既要以加速技术的采用情况作为基本依据，还要将程序步骤之间的间隙缩小到合理的限度之内。

---

① 高一飞. 时间的"形而下"之维：论现代法律中的时间要素 [J]. 交大法学，2021（03）：64.

② 沈福俊，崔梦豪. 行政处罚处理期限制度的反思与完善——以潘龙泉诉新沂市公安局治安行政处罚案为切入点 [J]. 北京行政学院学报，2019（02）：87.

第六章　快办程序配套机制的设计

第一节　快办程序配套机制的实践样态

快办程序的配套机制是指辅助程序得以顺利运行的机制设计，这些机制并非对原有程序步骤的改造，而是专门为快办程序的适用增设的程序内容。《程序规定》中设计了三种快办程序的配套机制，即程序的动议机制、程序的回转机制以及程序的量罚机制。除《程序规定》中规定的三种机制之外，各地公安机关也针对快办程序创设了区别于普通程序的案件回访机制、案件执行机制以及案件事后监督机制。其中案件回访机制是烟台市公安局创设的程序机制，在案件办结之后可以通过办案 App 向违法嫌疑人发放回访问卷，由当事双方评价案件办理的过程。由于其对软硬件设备的要求较高且不具普遍性，因此本章不对其进行讨论。

一、程序的动议机制

程序的动议机制是规定程序如何动议的操作设计，这一机制规范着快办程序适用的动议权与决定权。《海警法》第 30 条第 1 款规定，海警机构拥有快办程序的动议权，但其需征得行政相对人的同意。《程序规定》第 42 条规定，公安机关拥有快办程序的动议权，而其同样需要征得行政相对人的书面同意。从上述规定来看，《海警法》与《程序规定》都将快办程序适用的动议权交由执法机关，但同时都规定需要行政相对人的同意方可适用快办程序。各地规范性文件基本采用了这一机制设计，但其具体内容与上述规定略有不同。

第一，关于快办程序适用的审批。虽然快办程序的动议权在执法机关，但是《海警法》与《程序规定》并未规定由谁决定适用快办程序。规范性文件中采用了两种不同的决定方式：其一，较多地区的公安机关采用了办案部门负责人批准适用的模式。执法人员经初步调查认为适用快办程序的，则呈报办案部门负责人，办案部门负责人对程序适用签署意见。也有部分地区对于快办程序的适用不仅需要办案部门负责人的审核，还需要向本部门的法制员登记。其二，有些地区将快办程序的决定权直接交由执法人员。如内蒙古自治区以及烟台市公安局出台的规定都赋予了执法人员适用快办程序的权力。

第二，关于快办程序适用的同意。《海警法》与《程序规定》均将行政相对人同意作为快办程序适用的必要条件之一，但在实践中，部分地区的公安机关扩大了程序适用需征得同意的范围。其一，除违法嫌疑人本人外，其他同案人也需要同意适用。湖南省公安机关规定，快办程序的适用，需要全部违法嫌疑人同意并签字。其二，当事双方均同意适用快办程序。烟台市公安局规定，除了违法嫌疑人外，被侵害人同样需要对程序的适用表示同意。

二、程序的回转机制

程序回转机制是指执法人员发现有不适宜适用快速办理的情形时，将办理程序转化成普通程序予以办理的程序衔接机制。是否适用快办程序是执法人员在案件调查之前作出的初步结论，由于此时执法人员对案件事实与案件证据的掌握尚不全面，因此其对于程序适用的判断可能出错。当执法人员最初的判断出现错误时，则需要通过程序回转机制对程序适用作出纠正。《程序规定》第48条设置了程序回转机制，其规定公安机关在发现不宜适用快办程序的情形时，转为一般程序办理案件，其在快办程序中依法收集的证据可以作为定案的根据。各地公安机关出台的规范性文件中，大多也规定了程序回转机制，但对回转的批准与情形作了细化的规定。第一，程序回转须经批准。湖南省公安厅出台的规范性文件规定，案件办理过程中发现不宜适用快办程序的，须经办案部门负责人或公安机关负责人批准后，程序方可回转。第二，程序回转的情形。山东省公安厅颁布的规范性文件规定，程序回转的情形有三类：一是 48 小时内不能办结案件的；二是违法嫌疑人对认错认罚、案件事实与法律适用反悔或产生异议的；三是发现案件不符合适用情形的。

三、程序的量罚机制

为鼓励违法嫌疑人认错认罚与实质性地化解纠纷，快办程序补充了行政处罚普通程序的量罚机制。《程序规定》第 46 条规定，公安机关可以根据以下情形对违法行为人从轻、减轻或不予处罚：第一，违法行为人认错悔改；第二，纠正违法行为；第三，赔偿损失；第四，被侵害人谅解。各地公安机关出台的程序规范基本都采用了《程序规定》中的表述，但浙江省的量罚标准与《程序规定》略有不同。其规定，适用快办程序的案件违法行为人认错认罚的，可以在法定幅度内从轻处理。符合不予处罚条件的，方可依法不予处罚。

四、案件事后监督机制

事后监督机制也是由地方公安机关出台的规范性文件创设的程序机制，旨在实现对快办程序适用的事后监督。采取事后监督的方式是为了避免在事中拖延案件办理的时间，而且事后采用抽检的方式也减少了案件监督资源的投入。然而，对于由谁监督的问题，各地公安机关采取了不同的规定。第一，由法制部门进行监督。如内蒙古公安机关出台的规范性文件规定，法制部门应当对案件办理进行监督检查，对违反规定办理的及时予以纠正。第二，由法制部门与警务督察部门共同监督。如烟台市公安局采用电子抽检的方式，对案件生成的"四纸一光盘"（受案登记表、处罚告知笔录、处罚决定书、送达回执以及证据光盘）进行回看监督，监督主体既可以是执法监督室也可以是法制大队。江苏省、嘉兴市等地公安机关也规定督察部门与法制部门应加强对快办案件的执法监督检查，及时纠正执法问题以及预防执法与廉政风险，并且对造成执法过错的进行追责。

第二节　快办程序配套机制的功能

快办程序的适用范围与加速技术是快办程序的静态样式，虽然明确了快办程序适用于哪些案件以及如何加速的问题，但由于以下三个问题的存在，程序在动态运行过程中可能无法保障快办程序能够按照静态规范的要求良性运转。其一，当事人与执法人员并非完全的理性人，因此当事人可能不会选择牺牲私人自主权而适用快办程序，执法人员也可能错适快办程序或错用加速技术；其二，由于快办程序使用了与普通程序有差异的合法性标准，两者若是衔接不畅则会造成程序的混乱与拖延；其三，执法人员在适用快办程序的过程中可能存在滥用职权的风险。其中程序的虚置与衔接的不顺畅会造成快办程序的加速不充分，而程序的错误适用与滥用则可能导致程序正当性的减损。为克服上述问题，快办程序需要设计辅助适用范围与加速技术良性运转的配套机制，以保障程序在实际运作过程中不偏离静态规范的价值追求。故而，快办程序的配套机制要在充分发挥程序加速潜能的同时，也要防范程序正当性的减损。

一、充分发挥程序的加速潜能

快办程序的适用范围决定了程序加速的广度，而加速技术决定了程序加速的深度，加速广度与深度的全面实现才能保障快办程序的充分加速。快办程序不能对应当适用的案件予以适用是其在动态运行过程中无法达到预设的加速广度的原因；而执法人员对加速技术的错误操作会使快办程序不能达到其速度上限。除此之外，由程序错误适用导致的程序步骤重复则可能造成处罚程序的减速。因此，发挥快办程序的加速潜能，应当从以下三个方面着手：

第一，配套机制应尽可能实现快办程序应用尽用。实现快办程序的应用尽用，首先要限制执法人员的程序裁量权。由于快办程序能够通过节约当事人的时间以简省其参与程序的成本，因此，快办程序是更有利于当事人实际利益的程序。如果执法人员有对程序适用的裁量权，但其裁量权又不受到相应的限制，则其可能依据喜好或利益任意适用程序，而使应当适用快办程序的案件不能得到适用。甚至还可能以快办程序的适用权作为利益交换的筹码，进而造成快办程序实际适用的有限性。其次要激励当事人适用快办程序。虽然快办程序有利于当事人的实际利益，但由于快办程序相较于普通程序存在产生错误决定的风险，缺乏理性的当事人既可能放大该风险，也可能存有依照普通程序难以对其违法进行认定的侥幸心理，导致其不能理性衡量快办程序为其带来的实际利益，而使其主观上不愿适用快办程序。心理学研究表明，人们倾向于认为，有风险的行为包含的收益较低，而带来收益的行为，风险也较低。① 因此，可以通过适当的收益激励，使当事人更愿意适用快办程序。

第二，通过错案总结纠正机制避免加速技术的错用。相较于已经被执法机关熟练使用的普通程序，快办程序尚属于新程序，执法人员对加速技术的操作仍处于学习阶段。加之快办程序放松了事中的审批环节，因此执法人员错用加速技术的可能性较高。错用加速技术存在三种主要情形：首先，由于对加速技术使用不熟练导致其没有充分发挥应有的速度优势，比如部分执法人员反映以录音、录像方式替代笔录制作并没有节约办案时间。其次，没有按照规范操作使用加速技术，导致程序步骤的不合格甚至不合法，比如证据数量的收集没有达到证明标准的要求。最后，对不应加速的环节错误加速，造成程序违法，比如执法人员直接省略陈述与申辩环节，导致当事人的程序权利受损。程序操作不规范与程序违法都可能导致行政处罚决定在审核与审批环节被退回，进而造成程序的反复与拖延。基于上述三种可能的错误，快办程序应建立总结与纠错机制，通过总结错误

① ［美］凯斯·R. 桑斯坦 . 风险与理性：安全、法律及环境 ［M］. 师帅，译 . 北京：中国政法大学出版社，2005：53.

使执法人员对加速技术的使用更纯熟。

第三，通过程序衔接机制，避免程序之间的摩擦。由于快办程序设置了与普通程序不同的合法性标准，又由于存在程序适用错误的可能性，因此当程序适用错误时，如何进行程序转化应当有相应的机制予以规定，否则会使在快办程序中已经经历过的程序步骤需重新按照普通程序的标准予以履行。若此，则会造成程序步骤的重复，使行政处罚程序出现整体性拖延。因此，须有程序的衔接转换机制，保障程序能够顺利过渡，并尽可能地减少因程序转化而带来的时间损失。

二、防范程序运行中的正当性削弱

快办程序的工具正当性与内在正当性亦可能在程序运行过程中受到削弱。快办程序正当性的削弱，亦和程序的错用与滥用相关，其一，快办程序的错用与滥用会使程序的工具效能达不到最优效果；其二，当事人的重要权利也可能因执法人员错用或滥用程序而受损。因此，为防范快办程序的正当性在运行中受损，则需要规范与控制执法人员手中的权力。

第一，要建立事后的监督与追责机制。除了通过静态的程序规范扎紧制度的笼子外，监督与追责是动态约束权力运行的有效手段。其可与总结、纠错等行为同步发生并互为基础与补充，通过对错用与滥用程序行为的处分与追责，形成对执法人员滥用权力的威慑，使之能够谨慎与规范用权。

第二，要建立当事人的程序权利保障机制。权力不仅要受到权力的制约，也同样要受制于权利的制约。《行政处罚法》的一般程序规定虽然明确了当事人拥有的程序权利，但程序权利在具体的运行过程中能否得到实现，还需要具体的程序机制对其予以保障。首先，在快办程序的适用过程中，应当赋予当事人程序适用的选择权，使其既不被强制适用快办程序，也不会得不到平等适用快办程序的机会。其次，建立事中的公开机制，补强事前公开不足或解决当事人事前知情不够的问题。

第三节　快办程序配套机制的设计方案

一、动议机制的设计：将程序适用作为当事人的权利

《海警法》与《程序规定》都将快办程序适用的动议权交由执法机关，但同时规定需要行政相对人的同意方可适用快办程序。由于快办程序减少了执法机关与行政相对人参与程序的直接成本，而且为行政相对人提供了从轻、减轻与免予处罚的机会，因此双方都会偏向于适用快办程序。然而，由于缺少对执法人员程序选择裁量权的限制，现有的程序启动机制可能导致程序适用的不平等。《海警法》与《程序规定》虽然明确了快办程序的适用应当以当事人同意作为前提，但这一机制设计约束的是执法机关任意适用快办程序的情形，而没有对其应当适用却不予适用的情况进行规制。各地公安机关出台的规范性文件沿袭了限制执法人员随意适用快办程序的机制设计，增加了办案机关负责人审批的适用条件。[①] 诚然，限制快办程序的随意适用，可以避免"辩诉交易"降低案件办理的道德成本，也可以增加程序的合意性，但约束程序适用选择权的另一个面向同样重要，因为其决定了程序能否平等适用，从而影响了程序本身的中立性。对于一个具有中立性的程序来说，相同案件就应当得到相同的结果，在现有启动机制下执法人员拥有动议是否适用快办程序的绝对权力，如果其利用当事人偏向适用快办程序的意愿，将程序适用作为对当事人的授益行为或权力寻租的筹码，则程序必然出现个案的差异化适用，快办程序自身的内在正当性也将出现危机。

快办程序的动议机制涉及两项重要的权能，一是快办程序的动议权，即提议适用快办程序的权力；二是快办程序适用的决定权，即决定适用快

---

① 如《山东省公安机关行政案件办理工作规定（试行）》第 5 条规定，"接受案件后，办案民警经过初步审查认为符合快速办理条件的……经办案单位负责人同意后，进入快速办理程序"。

办程序的权力。快办程序动议机制设计的核心是对程序适用动议权与决定权的分配。在现有的制度设计中，快办程序的动议权一般由执法人员控制，而快办程序的决定权则有三种类型：其一，由违法嫌疑人决定是否适用快办程序；其二，由违法嫌疑人与被害人共同决定是否适用快办程序；其三，由所有违法嫌疑人共同决定是否适用快办程序。笔者认为，现有的制度实践不仅在决定权的分配上存在分歧，而且其对动议权的分配也存在正当性风险。为充分实现快办程序的加速效果以及保障程序正当性不被削减，笔者认为应按照以下方案进行动议机制的设计：

第一，快办程序适用的动议权应同时分配给执法人员与当事人。如上所述，快办程序动议机制的设计存在程序适用不平等的正当性风险，而在正当性风险背后是快办程序适用理念的偏差。首先，其是程序适用权力观的表现。当仅有执法机关拥有快办程序的动议权时，其实质是将快办程序的适用作为对当事人的"恩惠"，而并没有将其作为一项当事人的权利予以对待。然而，作为"恩惠"的程序适用一则不利于保护当事人的道德主体地位，使其天然地处于一种弱势状态；二则不利于提供稳定的社会预期；三则会使执法人员拥有不受控制的裁量权，导致程序适用的不充分。因此，将快办程序的适用作为当事人的一项权利予以保护，更有利于实现程序的加速与程序正当性的实现。其次，其是"家长式思维"的结果。在单向动议的机制中，当事人对快办程序的适用只有决定权而无动议权，其默认的前提是普通程序更有利于保护当事人的合法权益，当选用可能使当事人权益受损的程序时，需经当事人同意。由于当事人面对指控享有保持沉默的权利，[①]而快办程序又需要当事人自认违法行为，因此管理者会认为当事人不愿牺牲私人自主权而适用快办程序。但在加速社会中，时间资源与机会成本的价值权重大幅升高，当事人参与程序的成本甚至超过处罚本身。由于价值权衡结果的改变，适用快办程序更符合确有违法行为的当事人的实际利益。在此情形下，出于"家长式思维"的单向动议机

---

① 章剑生. 现代行政法基本原则理论［M］. 北京：法律出版社，2014：636.

制忽视了当事人实际的权利诉求。因此将程序动议权转移至当事人，使其能够充分表达自身利益诉求的机制更有利于当事人权利的实现。故而应采用双向动议的机制设计，同时赋予执法人员与当事人动议适用快办程序的权利。

第二，违法嫌疑人享有对程序适用的决定权。若是将快办程序适用作为当事人的一项法定权利，则任何案件当事人都有权决定自己的案件是否适用快办程序。制度实践中之所以出现决定权分散的情况，主要是其混淆了认错认罚与程序适用决定权的关系。由于快办程序的适用以案件事实清楚为基础条件，因此，如果同案犯或是受害人并不认可当事人自认的违法事实，则案件将处于事实不清的状态，尤其在同案犯认罪态度存在重大分歧的案件中，对于违法人员在违法行为中作用与地位的准确认定需要全面掌握案件证据。① 依此逻辑，若同案犯与被害人对当事人的自认事实存在争议则不应适用快办程序。但程序适用的决定权并非对当事人自认事实的认可，而是对是否适用快办程序的同意，即可能存在同案犯与被害人认可当事人自认的违法事实，但不同意适用快办程序的情形。由于快办程序适用是当事人的法定权利，在无特殊理由的情形下不能干预当事人行使权利，因此同案犯与被害人不能决定是否对当事人适用快办程序。同样，存在同案犯的案件，执法机关也不能强行对不同意适用快办程序的违法嫌疑人适用快办程序，而是应当采用不同程序对其进行分别处置。

综上，快办程序的动议机制应是：第一，当事人与执法人员同时享有快办程序的动议权，双方均可提出适用快办程序，但执法人员动议的适用需要当事人同意。第二，被侵害人与同案犯不可就程序适用发表意见，但其可以不认可当事人自认的违法事实。第三，办案机关负责人拥有程序的审批决定权，执法人员对当事人的动议不具有决定权，在当事人与被侵害人对快办程序适用均无异议的情况下，呈报办案机关负责人批准适用。

———————————

① 汪海燕. 共同犯罪案件认罪认罚从宽程序问题研究 [J]. 法学，2021（08）：77.

二、事中公开机制的设计：以权利义务告知书补强事前公开的不足

《行政处罚法》第 39 条规定，应当对实施机关、立案依据、实施程序和救济渠道等信息进行公示。从快办程序现有立法的公开情况来看，法律与规章的相关规定都作了相应的公开，公众可以获悉相应的程序内容。由于法律与规章的位阶相对较高，对快办程序的规定相对较为原则，因此地方执法机关会依据法律与规章的内容，出台快办程序的操作规范。地方出台的规范性文件，并不仅仅是对上位法规定的细化，还有对快办程序机制的创新与创设，譬如部分地区的公安机关扩大了程序适用征求同意的范围。湖南省公安厅规定，在全案违法嫌疑人均同意适用快办程序的情形下，快办程序方可适用。① 烟台市公安局规定，除了违法嫌疑人外，被侵害人同样需要对程序的适用表示同意。② 再如一些地方的公安机关在《程序规定》的基础上进一步缩短了办案时限。③ 然而规范性文件的公开却不够，很多规范性文件被作为内部操作程序或警务秘密未进行主动公开。笔者在对规范性文件申请信息公开的过程中，部分地区也以上述理由拒绝了公开申请。但其实质上并不仅是内部程序，上述启动机制的创新以及办案时限的变更都直接涉及当事人的程序性权利，换句话说其对当事人具有约束力、执行力以及确定力，因此应当予以公开，④ 使当事人知悉程序内容。尽管在适用快办程序之前，执法机关会向当事人告知在快办程序中享有的权利义务，并要求其知悉后确认签字，但快办程序权利义务告知书只是对程序部分内容的说明，因此其不能替代对程序依据的公开。

程序依据的事前公开承担着说明程序过程、明确参与人权利以及表达

---

① 参见《湖南省公安机关快速办理行政案件暂行规定》。
② 参见《烟台市公安局互联网+行政速裁案件办理机制》。
③ 嘉兴市《全市公安机关行政案件快速办理实施办法（试行）》第 6 条规定，"一般在违法嫌疑人到案后 8 小时内办结，特殊情况下不得超过 24 小时"。
④ 杨小君. 行政诉讼问题研究与制度改革［M］. 北京：中国人民公安大学出版社，2007：103.

程序理性的任务，没有程序的事前公开，当事人的权利难以保障与实现。①如同"放管服"改革中对审批方式的创新，快办程序持续创新与加速的动力也将来自地方的试点实验，而创新的切口可能是快办程序的各个方面，因此规范性文件对程序的公开尤为重要。但由于规范性文件的公开不足以及其受关注度不够，参与程序的当事人对快办程序往往缺乏了解，在对程序不充分了解的情况下，当事人既不能有效行使自身的程序权利，也不能对执法人员形成较为强力的监督与约束。在事前公开不能使当事人获取足量的程序信息时，快办程序就会存在程序正当性被削弱的风险，因此，其需要通过强化事中的公开机制以补强当事人程序信息输入不足的问题。

在实践中，部分地区的公安机关为快办程序专门设计了权利义务告知书，对当事人在快办程序中享有的权利与义务进行告知。区别于普通程序的权利义务告知书，其在规定当事人的一般权利与一般义务的同时，还对快办程序的办案时限以及处罚机关可以在快办程序中采用的行政方式进行了告知。权利义务告知书在快办程序的运行过程中，承担着重要的事中公开的功能。因此，快办程序的事中公开机制可以将权利义务告知书作为信息传递的核心载体，将事前需要公开的重要内容通过权利义务告知书向当事人进行告知。从当前的制度实践来看，权利义务告知书还可以通过增加以下三项内容，补强快办程序的可理解性：第一，权利义务告知书中应当载明快办程序的适用条件。首先，适用快办程序是符合条件当事人的法定权利，因此执法人员应当告知其有适用快办程序的权利；其次，在快办程序适用应当满足的三个基本条件中，当事人同意与认错认罚是核心的权利义务条款，即当事人拥有否决程序适用的决定权以及在适用程序后自认违法事实的义务。因此，权利义务告知书应将其明确告知当事人，避免程序的强制与违心适用。第二，权利义务告知书应告知当事人案件证明标准的降低。对当事人说明处罚理由是对事实与依据的告知，而案件证明标准是对行政处罚决定理由逻辑的说明，由于快办程序减少了证据的数量，因此

---

① 李哲. 刑事程序公开论［J］. 甘肃政法学院学报，2004（02）：83-87.

导致其在有限收集证据的基础上并没有对案件的所有事实进行证明，故而可能导致处罚决定理由逻辑的不周延。在当事人不知晓证明标准降低的情形下，未必能够理解与信服快办程序对理由的说明。第三，权利义务告知书应当告知程序回转的情形。由于快办程序存在错误适用的情形，当其出现错误适用时，执法人员会变更适用普通程序办理案件。如果当事人不了解程序的回转机制，会认为程序适用是随意、武断甚至是带有欺诈性的。

三、量罚机制的设计：以量罚从宽激励快办程序的适用

符合快办程序适用条件的当事人不同意适用快办程序，也是快办程序不能得到充分适用的原因。当事人之所以不选择适用快办程序，一则可能是由于当事人存在侥幸心理，认为自身在不承认违法事实的情况下可以逃避行政处罚。诸如在海上行政执法中，由于海上行政案件取证相对困难，当事人会使用各种手段销毁证据并拒不承认违法行为。二则可能是由于快办程序节省的时间对当事人的激励不够或没有对时间收益进行理性权衡。为使程序能够得到充分适用，应当在时间收益之外，给予当事人更明显的收益激励，使其能够轻松权衡快办程序与普通程序、合作与对抗的利弊。当事人选择了快办程序，意味着要放弃一定的私人自主权，主动承认违法事实，并认可执法机关的法律适用。我国《行政处罚法》设置了当事人认错认罚的激励机制，即通过量罚机制激励当事人主动认错认罚并消除危害后果，其第 32 条与第 33 条规定，当事人主动供述违法行为或消除危害后果可以作为从轻、减轻以及不予行政处罚的情节。

快办程序同样可以通过量罚机制的设计，使执法机关对适用快办程序的当事人从轻、减轻或不予处罚。对适用快办程序的激励，并不只是出于效率上的考量，其同样符合量罚的基本理论，行政处罚要实现违法行为与所受处罚相当的原则，其在量罚上就要实现报应的正当性与预防的合理性。[①] 当违法行为人能够主动消除危害后果，其应受之报应自然要比不消

---

① 熊秋红. 认罪认罚从宽的理论审视与制度完善 [J]. 法学，2016（10）：101.

除之违法行为人少；而当其能够有积极的态度主动供述违法行为并认错认罚，说明其内心有对违法行为的充分认识，再违法的可能性较低，因此，也可以减少其预防刑罚。故而，对于快办程序量罚机制的设计应当以当事人对违法后果的消除以及其认错认罚的态度为基准。之所以要单独设计快办程序的量罚机制，是由于《行政处罚法》第 32 条从轻与减轻的情节不能完全满足快办程序的要求。由于适用快办程序的案件以事实清楚为基础性条件，因此当事人所承认之事实与执法机关所掌握的违法行为基本重合，故凭借第 32 条之规定，当事人很难满足从轻与减轻处罚的条件。综上，笔者认为，只要当事人对执法机关认定的事实能够主动供述，即便其在法律适用上提出异议，但只要其接受了最终的违法后果，即可认为其内心能够认错悔错。① 当事人有认错悔错情节，其处罚的减轻就能够得到理论证成。因此，可以对适用快办程序的当事人从轻与减轻处罚，并以此作为保障程序充分适用的激励机制。

四、事后抽查监督机制的设计：高效使用监督资源

尽管执法机关对事实清楚的行政案件的办理不易出错，但若执法人员误用与滥用了快办程序，则程序速度与其正当性都无法达到原初设计的要求。在放松对案件办理事中审批与审核的情况下，仍然需要对快办程序的实际运行过程进行必要的监督。对快办程序的监督，不能因监督机制的设置重新增加案件办理的审批与审核手续，进而导致案件办理时限的延长，使原有的简省审批与审核环节的加速技术不能发挥应有的效果。因此，对快办程序运行的监督，应当采用事后的监督机制，在不拖延案件办理过程以及尽可能节约监督资源的情形下，补强快办程序的正当性。

在快办程序的实际运行中，既存在案件办理的合理性风险与合法性风险，还存在执法人员的廉政风险。因此，在事后监督中应当对快办程序运转的全过程进行审查，具体应审查案件办理过程中执法人员的具体操作是

---

① 陈卫东 . 认罪认罚从宽制度研究 ［J］. 中国法学，2016（02）：53.

否符合规范要求、量罚是否准确、对当事人的程序权利是否予以了充分的保障、执法人员有无故意滥用快办程序的行为等问题。既然对程序运行的监督审查是全面性的，那么事后监督的主体也便不只局限于法制部门，还应当有执法监督部门或纪检部门的参与。虽然事后的监督审查是必要的，但由于案件牵涉的利益较小以及出错的概率较低，因此若对所有适用快办程序的案件进行监督审查会耗费大量的监督资源，使案件办理的工具正当性受到削弱。故而，可以采用抽检的形式，对错用、滥用风险较高的案件进行重点检查，对错误风险较低的案件降低检查频率，以此优化监督资源的投入。在监督检查完成后，监督部门可以针对快办程序运行中出现的典型问题进行总结，形成可供学习参考的办案经验，使监督资源的短期投入获取长期的执法收益。

五、时间延长机制的设计：合理延长比重新开始更快速

通常来讲，快速办理程序办案时限的设计能够满足执法人员的办案需求，实践也证明，大部分案件可以在限定的时限之内完成办理，如若案件不能在规定时间内办结，便会转成普通程序进行办理。在多数情形下，案件不能在规定的时限内办结，可以归因于案件自身的原因，即案件本身可能较为复杂，需要更充分的时间了解案件信息，寻找案件事实，该类案件也说明其不适用快办程序，对不适用快办程序的案件，转为普通程序办理也是理所应当的。但案件不能在办案时限内顺利办结，也并不仅仅是由于案件本身的原因，执法人员与客观情况的干扰也可能导致案件办理时限的延长：其一，执法人员有错用加速技术的可能，使加速技术无法充分实现对办案过程的加速，使案件办理出现拖延；其二，在某些执法领域中，案件办理可能被更紧急的事项中断，导致案件无法在规定的时限内办结，如在海上执法中，案件办理容易受到海上气候因素或船舶因素的影响。上述情形的出现并非因为案件本身不适用快办程序，而是程序在运行中出现了非计划的因素。

虽然在规定时限内无法办结的案件应排除适用快办程序，但非计划因

素的出现并不是排除快办程序适用的原因。因为，若对在规定时限内无法办结的案件适用快办程序，会造成程序运行过程中出现空转与闲置的时间，使时间资源被浪费。但由非计划因素导致的办案拖延要么发生在时间资源已经浪费的情况下，要么是时间资源被其他事务抢占。此时如果将适用快办程序的案件转为普通程序办理，则会使快办程序后续步骤必须依照普通程序的证明标准与行政方式进行办理，进而导致办案时限的进一步延长，使程序的工具正当性继续受损。因此，当非计划因素导致案件无法迅速办结时，理性的程序设计应当是适当延长办案时限，使案件能够继续适用快办程序进行办理，以亡羊补牢避免资源的进一步浪费。故而，快办程序应当设置办案时限延长机制，对在规定时限内无法办结但适用快办程序的案件的办案期限进行合理延长。为避免办案时限的无故延长，应当由执法人员向办案机关负责人作出口头说明，并由其批准。

六、程序回转机制的设计：快办程序与普通程序的衔接

之所以需要建立快办程序的回转机制一则是由于快办程序可能在运行过程中出现错误适用的情形，即执法人员在办案过程中发现案件不符合快办程序的适用条件，若继续适用快办程序则会造成公共利益受损；二则是由于原本适用快办程序的条件在办案过程中消失，比如当事人否认原本承认的违法事实或当事人供认了虚假事实等情况。案件已经不适用快办程序时，则需要适用普通程序对案件予以办理。当案件办理由快办程序转为普通程序，则会涉及两者之间的衔接问题，即在快办程序中取得的证据能否在普通程序中继续应用，以及适用新行政方式完成的步骤是否需要依照普通程序重新完成。

第一，快办程序取得的客观性不受影响的证据可以在普通程序中直接使用。证据是否具有客观性与合法性是其能否在普通程序中继续适用的关键。如果证据没有按照快办程序的法定要求予以获取，则其不能在普通程序中适用。但如果是依法获取的证据，则其能否适用应当以其是否减损了证据的客观性为核心标准。快办程序虽然使用了新的取证方式，但其所采

用的大部分新方式并不影响证据的客观性与合法性，甚至有些取证方式更有利于保障证据客观性与合法性的实现，比如以录音、录像方式取代纸质笔录的制作。但也有部分取证方式对证据的客观性有所减损，比如在辨认方式的简化中，对辨认人数与辨认形式都采用了更简易的方法，而其相较于原有方式，不利于保障证据的客观性。笔者认为，由于证据会随着时间的拖延而消失以及重复取证会浪费执法资源，因此对于没有降低客观性的证据，应当在普通程序中被直接适用，而客观性可能受影响的证据则要在普通程序中重新取证。

第二，普通程序无须再次履行快办程序已完成的程序步骤。如上所述，快办程序对行政方式的改变，大多是对内部流程的简化，其外部方式的简化并不会减损当事人享有的程序权利。因此，快办程序已完成的程序步骤并不会对程序结果以及当事人的权益产生实际影响，故而，从程序速度以及程序工具正当性的角度看，普通程序无须对其重新履行。

第七章　特殊的快速办理程序

　　虽然快办程序普遍适用于公安机关，但快办程序并非只有治安案件快速办理一种形态。2021年《行政处罚法》修订，其第49条设定了重大突发事件中的快办程序，《海警法》设定了海上行政执法的快办程序，海关部门与部分地方的市场监管部门也在应用快办程序处置行政违法案件。为了展现快办程序的全部面貌，本章将简要介绍两类较为特殊的快办程序：重大突发事件中的快办程序与海上行政案件快办程序。

第一节　重大突发事件中的快办程序

　　新冠疫情与"非典"疫情两次突发公共卫生事件的处置应对实践已经表明，在突发公共卫生事件中对违反突发事件应对措施的违法行为快查、快结、快反馈，有利于恢复正常的社会管理秩序、积极回应社会关切、消除群众恐慌、遏制风险扩散。新冠疫情之初，市场监管总局发布了《关于依法从重从快严厉打击新型冠状病毒疫情防控期间违法行为的意见》，授权省级市场监管部门可以适用快办程序处置囤积居奇、哄抬物价等违法行为。随后，各地市场监管部门根据疫情防控需求，陆续发布了关于突发公共卫生事件中从重从快打击违法行为的指导意见。各地公安机关也在疫情中普遍采用了快办程序处置违法案件。2021年《行政处罚法》修订，第49条固化了实践成果，对重大突发事件中的快办程序进行了原则性的规定，该规定虽然为快办程序的应用提供了法律依据，但由于其规定较为原则，程序适用并没有得到有效的限制和规范，正因此，快办程序的执法实践也存在各种乱象，比如将快办程序适用于与突发事件应对无关的案件，或者过度简化程序侵害当事人的合法权利等。《"十四五"国家应急体系规划》指出，"要夯实应急法治基础，培育良法善治的全新生态"，而诸如北京市尚未出台《突发公共卫生事件行政案件快办程序指引》或其他相关规定的地区，由于缺少必要的程序规则，执法部门担心程序违法，在新冠疫情中不敢应用快办程序处置违法案件。依据《"十四五"国家应急体系规划》指出的"要夯实应急法治基础，培育良法善治的全新生态"，构建重大突发事件中的快办程序规则，健全重大突发事件中的行政执法程序体系，对重大突发事件应对处置能力的提升具有重要意义。本节将在介绍重大突发事件中快办程序特殊内容的同时试图起草一份"重大突发事件中行政案件快办程序细则"。

一、行政案件快办程序的制度功能

突发公共卫生事件具有紧急性、高度不确定性和广泛的社会影响性，短时间内就可造成较大的社会危害，只有及时有效地遏制风险发展，才能降低损失，恢复正常的社会管理秩序，其处置与应对就是与时间的竞速。[①] 突发事件往往要经历发生、发展、演变与终结四个过程。对于可预测的突发事件来说，事前就可以采取相关措施预防风险的发生，而对于不可预测的突发事件，则很难在事前做有针对性的风险应对方案，只能在事中控制风险的发展与遏制风险的演变。在突发公共卫生事件中，风险具有一定的持续性，随着风险的持续，风险范围与破坏能力也将持续扩大，如不及时控制，风险就会发生蔓延、衍生与耦合等复杂演变。[②] 快速处置违反突发公共卫生事件应对措施的行为，能够有效阻止风险发展、控制风险蔓延、遏制风险衍生与抑制风险耦合。

---

① 刘乐明. "与时间赛跑的立法"：行政应急权的生成及其逻辑考量——以突发公共卫生事件为例 [J]. 社会科学研究，2024（2）：56-57.

② 马建华，陈安. 突发事件的演化模式分析 [J]. 安全，2009（12）：2-3.

第一，风险发展是风险自我扩张的一个过程。传染病的传播与扩散便是风险发展的一个典型样态，政府部门一般会采取病例隔离、禁止聚集等应对措施阻止疫情的快速发展，对于违反上述措施的行为进行快速处置，能够保障正常的疫情防控秩序不被破坏，及时消除风险发展媒介，进而有效阻止风险的扩张发展。

第二，风险蔓延是指风险在经过一定程度的发展后，引发了其他危害后果，而危害后果本身又进一步推动了风险的扩张发展。比如在新冠疫情时期，口罩成为重要的防护用具，货源紧俏，供不应求。不良商家则利用这一时机，制假售假，使大量的不合格口罩流向市场，导致防护无效，进而推动了疫情的进一步扩散。对此类违法行为的快速查处，便是通过控制风险带来的危害后果，阻止风险蔓延的自我助推。

第三，风险衍生是指风险对其所处环境带来一定影响后，诱发环境衍生出新的风险。突发公共卫生事件的主要风险是公共卫生风险，但公共卫生风险的传播与影响会衍生出金融风险、社会安全风险等新风险。比如基于突发公共卫生事件产生的谣言，会引发群体恐慌、阻碍政策执行、激化社会矛盾，甚至危及国家安全。① 可见，对散播谣言等违法行为的及时处置，能够有效遏制新型风险的衍生。

第四，风险耦合是多个风险相互作用、互相助力的复杂演变过程，其最终使多重风险的危害后果超过简单的风险叠加。突发公共卫生事件中，医疗卫生资源处于"紧平衡"状态，若此时出现食品安全事件，就会导致公共卫生风险与食品安全风险的耦合，使紧张的医疗资源难以满足突发事件应对处置需求，最终致使两类风险迅速扩散，造成更严重的危害后果。因此，在突发公共卫生事件中，对食品安全等违法行为的处置可以消除风险隐患，抑制其他风险与公共卫生风险之间的耦合。

---

① 石发勇，辛方坤. 风险社会治理与国家安全［M］. 北京：北京大学出版社，2022：77.

二、行政案件快办程序的适用条件

突发公共卫生事件中的快办程序是行政处罚的一种特殊程序，其目的在于及时快速地控制风险，以有效处置突发事件，降低社会危害。因此，应当合理设置快办程序的适用条件，以使其符合制度定位与制度功能。《行政处罚法》第49条规定，在发生重大突发公共卫生事件时，可以适用快办程序处置违反突发事件应对措施的行政案件。然而，该条规定所设置的适用阶段与适用范围都较为模糊，无法给实践以明确指引。比如何谓重大突发公共卫生事件？重大突发公共卫生事件的发生又以什么为标志？哪些措施应被认定为突发公共卫生事件的应对措施等问题都有待立法作进一步的细化。

（一）快办程序的适用阶段

既然快办程序是为了有效地控制公共卫生风险，那么其必然应用于公共卫生风险发生发展的环境之中。《突发事件应对法》将突发事件应对分为四个阶段，即预防与准备阶段、监测与预警阶段、处置与救援阶段、恢复与重建阶段。突发公共卫生事件风险在监测与预警阶段开始显现，发展和演化于处置与救援阶段，并终结于恢复与重建阶段。

有学者认为只有事中的处置阶段更具有紧迫性，违反突发事件应对措施带来的危害也更大，为了避免程序适用的随意扩张，应当将快办程序仅应用于事中处置阶段。但如果从风险存在的情况来看，上述几个阶段都有适用快办程序处置违法行为的可能性。各地的执法实践也印证了这一推测。比如地处云南边境地区的龙陵县，在监测与预警阶段为防止疫情输入，应对疫情工作领导小组指挥部发文要求严惩偷越国（边）境违法犯罪行为，对于违反法律法规未严格履行实名登记与如实申报义务的宾（旅）馆业主、出租房主、用工单位、客运公司、租车行等，一律依法从严、从重、从快处罚。再如，海关总署为助力复工复产，在新冠疫情的恢复阶段，要求从简从快办理行政案件。虽然，快办程序在事前与事后阶段都有应用，但也并非在实践中没有争议，例如石家庄桥头镇市场监管部门在疫情过后，仍以从快从严的方式查处了未标识价签的违法行为，被当地纪委监委定性为破坏营商环境。

在疫情的监测与预警阶段，风险处于萌生的关键时期，有效防范与控制就能够避免突发公共卫生事件的发生，尤其对于重大突发公共卫生事件而言，风险传播速度快、传播范围广，风险防范的紧迫性不亚于事中风险控制的紧迫性。因此，快办程序在监测与预警阶段具有适用的科学性与合理性。但也并非所有的突发公共卫生事件都在事前具有防范的紧迫性。《国家应急总体预案》依据突发事件可能造成的危害程度、紧急程度和发展势态，将预警等级分为四级，其中Ⅰ级（特别严重）、Ⅱ级（严重）预警具有相当的危害性与紧急性，因此，只有在发布Ⅰ级（特别严重）或Ⅱ级（严重）预警时，才能够适用快办程序办理行政案件。

突发公共卫生事件的处置与救援阶段，是公共卫生风险发展速度最快、演变形势最复杂的阶段，各类风险如得不到及时控制，就会相互交织互动，放大危害后果。快速处置违法行为对风险控制具有明显效果。但风险的可控性与严重程度也是适用快办程序需考虑的重要因素，一般突发公共卫生事件，风险相对可控、影响范围与危害后果有限，无须适用快办程序也能处置违法行为。因此，可根据《国家应急总体预案》对突发公共事件等级的分类，将《行政处罚法》中重大突发事件理解为Ⅰ级（特别重大）和Ⅱ级（重大）突发事件。

突发公共卫生事件进入恢复与重建阶段，意味着风险已经逐步走向终结，没有了现实的紧迫性与危害性，因此已无须再适用快办程序处置违法案件。但新冠疫情的反复性也证明，风险可能会暂时隐伏，但不会完全终结。因此突发公共卫生事件的恢复与重建阶段极有可能是下一次突发公共卫生事件的监测与预警阶段。阶段的重合性意味着恢复与重建阶段也可能会应用快办程序防范暂时蛰伏的风险。能否在恢复与重建阶段适用快办程序关键在于突发公共卫生事件的特点。国务院《突发事件应急预案管理办法》规定，市级专项应急预案重点规范市（地）级层面应对行动，落实相关任务，细化工作流程，体现应急处置的主体职责和针对性、可操作性。

其能直接体现某类突发公共卫生事件的应对规律与策略。因此恢复与重建阶段可以按照市级应急预案的要求，适用快办程序处置违法案件。

（二）快办程序的适用范围

快办程序应当适用于哪些违法行为目前仍存在较大争议，执法实践也并不统一，其核心问题是"突发事件应对措施"的范围并不明确。有学者认为违反突发事件应对措施的情形，包括违反控制措施的行为，以及扰乱市场秩序、社会秩序的行为。也有学者认为"突发事件应对措施"应当是"限制性应急措施""保护性应急措施""救助性应急措施"与"保障性应急措施"。学者们都希望在理论上归纳突发事件应急措施的范围，但理论归纳无法明确应急措施的具体外延，不利于为执法实践提供指引。课题组调研了各地的执法实践，对快办程序应用的实践样态进行了归纳（如表7-1所示）。

表7-1　快办程序适用范围的实践样态

编号	案件名称	案情摘要
1	驾驶三轮车冲闯门禁	淄博警方通报：驾驶电动三轮车不听防疫人员和小区保安劝阻，将小区东门门禁杆和门禁主机撞坏后驶离，影响疫情防控工作的正常开展
2	疫情期间聚众赌博	启东市汇龙镇"哈哈"棋牌室业主袁某在疫情防控期间，在社区民警多次上门告知要求棋牌室暂停营业的前提下，仍违反启东市新冠疫情防控工作指挥部发布的第26、27号通告的规定，接纳多人在棋牌室内打麻将
3	未标明药品价格	2020年2月12日，毕节市市场监督管理局执法人员对毕节市新春天大药房药业有限公司广惠路二店进行现场检查，在该药店营业场所药品合格品区货架上发现"龙牡壮骨颗粒"等四个品种药未标明价格
4	经营销售超保质期产品	商丘市睢阳区市场监督管理局查处涉嫌经营超过保质期的预包装食品的行为并立案调查

续表

编号	案件名称	案情摘要
5	造谣滋事、谎报疫情扰乱公共秩序、扰乱医疗机构秩序、伤害医护人员、哄抬物价、制假售假、猎捕贩卖野生动物、妨害公务	恩施州公安局发布公告：疫情防控期间，公安机关对各类造谣滋事、谎报疫情扰乱公共秩序、扰乱医疗机构秩序、伤害医护人员、哄抬物价、制假售假、猎捕贩卖野生动物、妨害公务等违法犯罪行为从快处理、从重处罚、从严追究
6	未凭处方售药	冀州市市场监督管理局查处当事人未凭处方销售处方药的事实
7	未按照医疗器械说明书和标签标示要求运输、贮存医疗器械	2021年4月25日，长春市市场监督管理局执法人发现当事人购进并销售至长春通源医院的新型冠状病毒2019-nCoV核酸检测试剂盒运输过程中未按说明书要求温度进行储运，运输时未发现储存运输温度不符合相关要求，该产品说明书标签要求储存温度为-15℃～-25℃，实际运输最高温度已达到-11.2℃，且企业未能及时采取相应措施，造成销售的医疗器械存在安全隐患
8	疫情期间聚众赌博	2021年2月4日晚，刘某A、刘某B、梁某A和梁某B在刘某C家中利用麻将进行聚众赌博，被泾川县公安局民警当场查获；袁某A在其家中与袁某B、鲁某、何某四人利用麻将进行聚众赌博，被泾川县公安局民警当场查获
9	销售过期医疗器械	当事人在疫情期间销售超过保质期的医用一次性口罩，构成销售过期医疗器械、未查验供货者的资质和医疗器械的合格证明文件的行为
10	未标明价签	2020年3月17日，冀州市市场监督管理局执法人员在南宫市小板凳菜馆进行监督检查时发现，该店内销售的"美汁源"牌果粒橙，"妙畅"牌蜜柠苏打水，"君畅"牌饮品和"六个核桃"牌核桃乳未标注零售价格标签
11	未开具销售凭证	平泉市振海大药店位于平泉市杨树岭镇三座店社区，执法人员在2021年10月16日检查中发现当事人销售的药品（"复方陈香胃片"2盒、"盐酸雷尼替丁胶囊"2盒）未开具销售凭证

续表

编号	案件名称	案情摘要
12	未标明价签	2020 年 2 月 26 日，冀州市市场监督管理局执法人员在南宫市连喜纯羊肉店进行监督检查时发现，该店内销售的"草原红太阳"牌的火锅蘸料和"草原红太阳"牌的烧烤酱未标注零售价格标签，当事人于 2020 年 1 月 20 日从大庆路"草原红太阳"代理门店共购进"草原红太阳"牌火锅蘸料一箱（100 袋）和"草原红太阳"牌烧烤酱一箱（60 袋），"草原红太阳"牌火锅蘸料以每袋 4 元价格销售，进价是 3.5 元/袋，销售了 55 袋
13	未标明价签	2020 年 2 月 6 日，冀州市市场监督管理局执法人员在对大庆街蔬菜批发市场进行监督检查时发现，该摊位在新冠疫情期间销售的荷兰土豆未按规定标注零售价格标签
14	销售过期食品	郑州市金水区好友来超市经营销售过期食品

　　虽然可查的执法案例较少，难以归纳受案范围，但也涉及了多个类型的违法案件，比如涉及治安违法的造谣滋事、谎报疫情、妨害公务等。由此可见，在缺少相关立法的情形下，各地执法部门对快办程序适用范围的设定具有较大的裁量权。执法实践同时也反映出，快办程序确有被随意适用的风险。比如上述案例中出现了多个未标识价签的违法行为，该类行为与疫情防控关联性极小，违法所造成的危害与风险难以与公共卫生风险形成风险联动，所以不应被认定为违反了突发公共卫生事件应对措施。因此，明确违反突发事件应对措施行为的外延，对规范行政执法具有重要作用。

　　控制风险是快办程序的核心功能，而快速办理本身并不直接实现风险控制，其只能通过保障突发公共卫生事件应对措施的有效实施来达到控制风险的制度功能。质言之，只要把具体的应对措施梳理清楚，即可明确违反应对措施的违法活动。国务院《突发事件应急预案管理办法》规定，各级应急预案都会规定突发事件的应对措施，市县级专项和部门应急预案会细化工作方案，规定有可操作性的应急处置措施。因此，突发事件应对措施的具体范围应从各级预案中进行归纳，并按照地方自己设定的应急预案予以细化和明确。课题组梳理了突发公共卫生事件中违反应急预案处置措施的违法行为，包括：

1. 拒不执行人民政府在突发事件中依法发布的决定、命令的；

2. 拒不接受和配合疾病预防控制机构依法采取的传染病疫情防控措施的；

3. 拒不接受和配合疾病预防控制机构开展的流行病学调查，或者在流行病学调查中故意隐瞒传染病病情、传染病接触史或者传染病暴发、流行地区旅行史的；

4. 传染病患者、病原携带者、疑似患者或者上述人员的密切接触者拒绝接受和配合依法采取的隔离治疗、医学观察措施，或者擅自脱离隔离治疗、医学观察的；

5. 散布谣言，谎报险情、疫情、警情，煽动、策划非法集会、游行、示威，哄抢财物，故意传播传染病或者以其他方法严重扰乱社会公共秩序的行为，干扰突发事件处置的；

6. 盗窃、毁损交通、通信、供水、排水、供电、供气、供热、广播电视等重要公共设施，影响突发事件应急处置的；

7. 医疗机构未依法依规履行传染病防控职责的；

8. 采供血机构未执行国家有关规定，导致因输入血液引起经血液传播疾病发生的，非法采集血液或者组织他人出卖血液的；

9. 交通运输、邮政快递经营单位未依法优先运送参与传染病疫情防控的人员以及传染病疫情防控所需的药品、医疗器械和其他应急物资的；

10. 囤积居奇、哄抬物价、制假售假等扰乱市场秩序的；

11. 生产、销售有毒、有害、过期食品或生产、销售、提供假药的；

12. 其他违反应急预案设定的应急处置措施的违法行为。

第二节　海上行政案件快办程序

2021 年《海警法》正式出台实施，该法是我国第一部对海上维权执法工作进行全面性规范的法律文件。《海警法》的实施不仅为我国规范海上维权执法活动提供了必要的法治基础，也对我国进一步推进"海洋强国"战略具有重大意义。《海警法》第 30 条与第 31 条规定了海上行政案件快办程序的相关内容。尽管《海警法》是第一部，也是唯一一部规定了快办程序的法律，但从实践调研情况来看，海上行政案件办理很难实现快速办理。

海上行政案件办理缓慢的原因不仅仅是程序中存在非增值的冗余环节，更是海上执法体制不顺畅造成程序的拖沓延宕。因此，虽然海上快办程序也可以使用加速技术实现程序简化，但由于必要的一些程序本身耗时较长，导致案件无法实现快速办结。1999 年公安部出台《沿海船舶边防治安管理规定》（以下简称《规定》），《规定》作为海上治安管理的主要依据沿用至今。随着海上执法体制改革，《规定》已与现有的海上执法体制不协调。依据《规定》，公安边防部门是出海船舶的治安管理部门，出海船舶需向其报备相关人员信息与船舶信息。2021 年《海警法》出台，明确规定维护海上治安秩序是海警机构的基本任务。可见，《海警法》出台后，各级海警机构已经成为出海船舶的治安管理主体，《规定》赋予公安边防部门的管理权限应依法转移至海警机构。但由于《规定》依旧沿用，新规则尚未出台，所以海警机构无法完全履行《海警法》赋予的法定职责。

从调研情况来看，出海船舶海上治安管理涉及多个管理部门，海警机构是《海警法》规定的海上治安管理的主责机关；海岸警察负责船舶停靠岸的管理，并依据《规定》收集船舶、船员相关信息；海事部门负责船舶检验行业管理、船舶适航和船舶技术管理，以及负责船员、引航员适任资格培训、考试、发证管理；农业农村部渔业渔港监督管理局和渔业行政主管部门对从事渔业生产养殖活动的渔船和渔业船员实施管理；地方政府负责"三无船舶"的管理。但从实际权能来看，公安机关、渔业部门、海事部门、地方政府均有船舶出海的审批权或备案权，而作为主责机关的海警机构却只有检查权与处罚权。即海警机构除了接报警、巡逻或其他部门移交线索外，自己没有任何的情报信息来源，常态化的治安管理活动无法开展。在海警机构自身执法权能不足的情形下，其只能依赖与其他各单位的执法协作配合才能顺利办结案件。调研发现，海警机构需要协调海事主管部门查询人员适任证明、调取船舶信息、查证船证真伪、行船证一致性比对；协调渔业主管部门查询人员适任证明、调取船舶信息、查证渔业船舶证书和捕捞（养殖）许可证书真伪；协调政府机关组织开展"三无船舶"联合认定工作等。最终，导致其在查获违法船舶后，需要协调各方确认出海船舶的相关信息，而查明身份、航迹、作业情况的时间就可能已经超过了 48 小时或 72 小时。

因此，在海上执法体制捋顺或协作配合机制有效建立以前，快速办理在客观上难以实现。

结论：对行政程序加速现象的法理阐释

行政处罚快办程序的出现是在社会加速背景下，政府治理效能提升的必然路径。其通过程序加速不仅实现了繁简分流，高效配置了执法资源，而且通过限制执法机关的时间裁量权，有效回应了当事人的时间权利诉求。快办程序的构建不仅具有理论上的必然性，而且实践需要、技术发展、试点实践与制度空间都为快办程序入法提供了现实的可行性。效率虽然正在成为一个越来越重要的程序价值，但其并非程序价值的全部，快办程序的构建应当以程序正当性作为其价值基础，也即在追求程序公正的同时，实现程序综合价值的最优解。本书以此为价值基础对快办程序的适用范围、加速方式与配套机制进行了构建。

本书虽然围绕行政处罚快办程序构建的具体问题展开，试图回答快办程序构建的必要性、可行性与如何构建等问题，但本书的研究也并非止于上述问题，而是希望通过对行政处罚快办程序这一具体问题的研究，探究行政程序加速的共同法理。正如前文所提及的，行政程序的加速并不仅仅体现于行政处罚程序，其在其他一些行政事项上的加速更为明显。尤其是近年来，我国深入开展了"放管服"改革，减少证明、优化流程、提高效率成为行政程序变革的主要方向之一。2019年，我国出台了《优化营商环境条例》，该条例总结了近年来"放管服"改革的成效和经验，在法治层面对诸多行政事项的程序精简提出了要求。首先，该条例明确要求，要缩短相关行政程序的期限，诸如缩短政务服务事项办理的期限、缩短市场主体办理注销的期限、缩短办税以及不动产登记的期限等。办事期限的时长也被世界银行列为营商环境优劣的重要评价指标。其次，该条例要求变革行政方式采用更便捷与快速的方式处理行政事项，比如其第42条要求，以"并联办理"的方式取代"串联办理"。在"放管服"改革过程中，诸如"一网通办""告知-承诺制""线上秒批"等速度更迅捷的方式正在取代原有的行政方式。最后，《优化营商环境条例》要求删减"非增值"的程序流程与环节，比如其要求简化各类事项的手续材料、精简相关的程序流程等。在行政审批改革过程中，减少不必要、重复的证明以及进行联合检查减少对行政性相对人的打扰次数无疑也是删减非增值程序环节的重要方式。

如罗萨所言，社会加速是一个持续的自我推动的过程，任何阻碍加速的制度都会被加速的潮流修正。如果按照社会加速理论，行政程序的全面加速，是由于社会系统的持续加速，使得行政法所固定的时间结构与社会系统实际的时间结构不相匹配，从而使得行政系统与其他社会系统之间产生了明显的摩擦。行政法所确定的时间结构是社会时间结构的重要组成部分，其应当是社会标准时间的客观反映，但法律既有其独立性也有其滞后性，如果行政法不能跟随社会时间的加速而对自身的时间结构进行调整，则合法有效的法律时间就会与社会的标准时间产生摩擦。行政程序与社会时间之间的速度差不仅会使社会主体与市场主体对程序速度缓慢的感受更加强烈，降低其对制度现状的满意度，而且执法机关也会感觉到程序是其工作的主要负担。速度缓慢的行政程序在加速社会中存在正当性不足的问题，其一是由于行政机关掌握了过大的自由裁量权，使当事人的时间权利存在被肆意支配的内在正当性风险；其二是由于随着时间资源价值权重的提升，原有程序已不能实现程序价值权衡的最优解，故此出现了工具正当性的挑战。在程序正当性的双重挑战下，自然就会有为行政程序重新注入公正性与科学性的需求，行政程序也就出现了加速。

第一，行政程序的加速是对行政机关时间裁量权的限制。如洛克所言，人类为了终结人与人之间的战争状态，而选择建立一种权威或权力，以使其能够对所有纠纷进行公正的裁决。① 但人类在建立起这一强大权威的同时，便也产生了对集权的恐惧，权力的行使并不总是合法的与理性的，不受约束的权力会对其统治之下的人民实施奴役。法治作为约束权力的政治模式因此而诞生，法治的诞生与发展直接否定了国王的专制权力，使得恣意行使的王权得到了极大的限制，人民的权利进而得到了有效的保护，可以不用再畏惧死亡和财产的剥夺。而程序则是法治中的一颗恒星，它的光芒散落于理性、尊严、自由这些价值之中，使得受到权力统治的人们能够拥有对抗肆意与专权的武器。正如同本书在论证行政处罚程序内在正当性时所提及的，程序内在正当性的精神内核即对公民政治主体地位的维护，以及对专制权力的限制。如果一个程序不能完成这一基本使命，那么其最精粹的法治灵魂也即不复存在。正是由于撤除法律程序，专制权力就有不断扩张的风险，人们也会因此不再享有和平、尊严与幸福，② 贡斯当也才因此将程序视为社会的保护神，并将程序的剥夺视为一种刑罚。在法治发展的过程中，公正的程序也一直被视为对裁量权予以控制的有效工具。③

然而在加速社会中，本应作为专制权力限制工具的行政程序却会掩盖进而扩大——而非限制专制权力对人们生活的影响。④ 当然，行政程序正在创制的权力专制并非在过去文献中所论及的权力，其是在越来越快的加速社会中生成的一种新的权力类型，即时间权力。一个行政行为的发生一定是行政主体与行政相对人之间的互动过程，所有的互动过程都要依赖于时间作为其行动的协调机制，而无论是行政主体还是行政相对人在采取行动时都会产生"时间的需求"，也即行动者会期望对方在"何时"做出一

① ［英］洛克. 政府论（下）［M］. 叶启芳，瞿菊农，译. 北京：商务印书馆，2017：14.
② ［法］邦雅曼·贡斯当. 古代人与现代人的自由［M］. 阎克文，刘满贵，译. 上海：上海人民出版社，2020：239.
③ ［美］肯尼斯·卡普尔·戴维斯. 裁量正义［M］. 毕洪海，译. 北京：商务印书馆，2009：109.
④ ［美］理查德·A. 爱泼斯坦. 私有财产、公共行政与法治［M］. 刘连泰，译. 浙江：浙江大学出版社，2018：34.

个相应的行动，以满足自身的需求。① 比如在行政处罚关系中，行政主体会期望行政相对人在特定时限内进行陈述与申辩；而行政相对人则期望行政主体在特定时间解除对自身的强制措施。在行政许可关系中，许可机关会期望行政相对人在特定时间内提交申请材料；而申请人则期望许可机关在规定的时间内审核申请材料。然而，时间对于每个人来说都是等同的资源，无论是行政相对人还是行政主体，其在使用时间去支持一个人的行动时，就意味着其在行动的时间内，无法在当下产生自身的时间需求。因此，也就产生了时间权力，即为了满足某些行动者的时间需求而迫使其他行动者牺牲其时间需求的强制力，也即谁在某时某刻做某事，而其他人就被迫在某时某刻因为此事而必须做某事或不得做某事。② 而使行动者产生时间期望的则是现有的时间结构，也即规定了时间的正式与非正式的制度，在行政管理过程中，则是由行政程序所确定的各种时限。可见行政程序的时限承担着分配时间权力的重要角色，如果其缺少了对行政主体行动的时间限制，则意味着行政相对人的时间需求难以得到时间结构的有效保障，行政相对人无法迫使行政主体采取必要的行动以支持其行动。质言之，行政主体拥有是否满足行政相对人以及何时满足行政相对人的绝对权力。而如果对行政主体行动时间规定得过于宽泛，则意味着行政主体有了满足行政相对人时间需求的裁量权，其只需在规定的时间内满足行政相对人的时间需求即可。

如同其他宽泛的裁量权一样，宽泛的时间裁量权同样是不公正的，同样可能形成对行政相对人的权力专制。这种权力专制体现于对行政相对人时间的非理性的占用与漠视。在速度较慢的社会中，时间虽然亦是基础性资源，但其重要程度却难以与今日相比。在加速社会中，首先时间被资本主义的雇佣制度商品化，社会主体的经济利益有赖于其劳动时间的付出，一个拥有越多时间的人，则意味着其在同等条件下有机会取得更多的财

① 郑作彧. 社会的时间：形成、变迁与问题［M］. 北京：社会科学文学出版社，2018：207.

② 郑作彧. 社会的时间：形成、变迁与问题［M］. 北京：社会科学文学出版社，2018：207-208.

富。其次时间成为社会主体参与竞争与适应时代的必要资源。在一个不断
加速转换的决策背景之下，社会主体的知识储备以及经验的有效性在不断
缩短，如果其不能快速地对知识进行更新，则其语言、外表、社交能力以
及投资的选择等都将是不合时宜的。换句话说，社会变化的加速制造了一
个"滑动的斜坡"，社会主体不可能通过什么都不做，而在原地保持不动。
然而，其也不可能什么都不做，社会主体总是希望能够获得成就，但不管
成就来自什么领域，其都是以每个时间中有效的劳动和工作来界定的。①
最后时间已经与生命意义产生了重要的连接。当死后永恒的世界和轮回观
念被生命的有限性取代后，生命有限的恐惧便在文化上产生，有限的生命
不可能再去充分体验世界的所有美好。在生命时间与世界时间出现分离之
后，一种新的关于生命意义的文化开始取得成功，即"通过加速完全享受
世界中的所有选择，通过'更快的生活'使得存在于世界时间与生命时间
的鸿沟变小"。② 此种文化观念实际上是在鼓励人们通过增加对世界的体验
而拓展生命的宽度，即用丰富多彩的生活填满长度有限的生命。当社会在
加速地发生变化，生命时间与世界时间的裂痕也在扩大，社会主体想要寻
求美好的生活，就必须使自己的生活节奏更快，以拥有充足的时间。若是
其能够掌握充足的时间，则就不会拥有对死亡与消失的恐惧。由此可见，
随着社会的加速，时间权力正在对行政相对人产生越来越重要的影响，其
不仅仅直接等价于经济利益，甚至会影响到当事人与未来产生连接的机
会，尤其是在一些发展较快的科技商业领域，审批程序的拖延可能使行政
相对人丧失市场竞争的优势。因此，虽然时间权力不会直接剥夺行政相对
人的生命与财产，但如果行政程序赋予了行政机关过大的时间裁量权，行
政相对人仍然有可能存在被时间权力奴役的风险。这也即有学者所言的
"程序本身就是一种惩罚"。

---

① ［德］哈尔特穆特·罗萨. 加速：现代社会中时间结构的改变［M］. 董璐，
译. 北京：北京大学出版社，2015：33.
② ［德］哈尔特穆特·罗萨. 加速：现代社会中时间结构的改变［M］. 董璐，
译. 北京：北京大学出版社，2015：215.

若要限制行政机关的时间裁量权，最直接有效的方式是限定一个合理的时限，即行政程序通过设定公正的时间结构从而确保当事人的时间权利得到及时的满足与保护。行政程序在变革中不断缩短办理时限就是设定时间结构的核心方式。然而，时间结构是否合理取决于程序步骤所能达到的最快速度，如果程序步骤本身就较为缓慢，那么便无法设置较快的办理期限。因此，仅仅通过缩短办理期限的方式设定时间结构显然是不够的，要通过程序步骤的加速，使得行政程序能够有较高的速度，从而具有更好满足行政相对人时间诉求的能力。所以，行政机关时间裁量权的限制还有赖于科技应用带来的行政方式变革以及对程序非增值环节的删减。

第二，行政程序的加速提升了行政程序的效能。在价值规范层面，行政程序的加速是控制行政机关时间裁量权的必要手段。与此同时，行政程序加速还有其工具理性的重要面向，即其通过对管理科学的应用，试图有效提升行政程序的效能。20 世纪 80 年代，企业管理面临着严重的效能危机，在商品生产与销售的流程中存在着大量不产生增值效果的环节，诸如授权信息冗长而空洞形式、顺序进行的工作拖延且呆板、信息被重复制作和传递等。[①] 行政活动本质上也可以被认为是一个公共产品的供给过程，而程序则是产品供给的流程，在这一流程中，行政程序控制了资源的投入与产品的输出，而其工具价值也体现于其对产品效果的实际增值效应。与企业管理流程所暴露出的问题类似，行政程序在很长一段时间内被指责是不便捷、官僚主义与不经济的。于是一场简化流程、提高效率、降低成本的政府流程再造活动开始在西方国家兴起。

如同公共管理学者戴维·奥斯本和彼得·普拉斯特里克所言，政府流程再造不仅仅是对行政程序的变革，也是对公共体制和公共组织进行的根本性变革，[②] 但其最终将体现于对非增值的程序环节的重建以及对信息化

---

① 梅绍祖，［美］James T. C. Teng. 流程再造：理论、方法和技术［M］. 北京：清华大学出版社，2004：97.

② ［美］戴维·奥斯本，彼得·普拉斯特里克. 摒弃官僚制：政府再造的五项战略［M］. 北京：中国人民大学出版社，2002：14.

技术的采用。① 对政府流程变革的呼吁，来自对僵化的官僚制体制的批判，在强调专业分工与行政责任的官僚制体制中，管理部门因专业分工的精细而不断增加，层级链条也因协调和控权的需要而增长，最终致使大量的程序步骤和文书被用以传递信息和执行监督，单个部门或行政人员也为了避免责任进行了大量的不产生实际增益的工作，最终产生了肿胀、冗余、笨重、不经济的组织与程序。在我国的行政审批程序中，形式审查的实质化，就是这一现象的典型例证。在"放管服"改革之前，行政许可机关往往会对只需形式审查即可避免危险发生的项目进行实质审查，以确保最大限度降低风险审批错误的概率。然而，由于精细化的专业分工以及审批部门的资源限制，单个部门又无法对项目的实质内容进行审查，因此其便会设置大量的证明材料，以将审查责任向其他部门转移，最终造成了证明过多、重复证明、循环证明问题的产生，使许可程序成为刁难行政相对人的"烦琐手续"。在加速社会中，由于社会不确定性的增长，政府的治理规模不断进行扩张，政府治理的总成本正在不断增加，如果不能提升行政程序的效能，那么政府治理资源有限与治理规模扩张之间的张力必将不断升级，再加之制度竞争等原因的存在，构建高效的制度环境成为行政体制改革的主要方向之一，而改革的最终体现则是行政程序效能的大幅改善。"并联审批""告知承诺制""联合检查""网上审批"等都通过公共管理的革新，推动了法律制度的发展。

在加速社会中，行政机关与当事人都开始重新评估时间资源的价值权重，行政机关需要越来越多的时间处理越来越多的行政事务，而当事人则面临着因时间损失而带来的高额的机会成本。但是也正如新公共行政学所反思的，公共行政不仅仅是在追求效率，其还要追求包括公平在内的多种价值。如何在提升行政效率的同时兼顾其他程序价值的实现，是行政法在构建行政程序制度时应当回答的问题。而美国学者贝勒斯的程序效能公式似乎可以有效地对这一问题予以解答，即通过对程序多种价值目标的成本

---

① ［美］迈克尔·哈默，詹姆斯·钱皮. 企业再造：企业革命的宣言书［M］. 王珊珊等，译. 上海：上海译文出版社，2007：42-55.

收益分析，以实现对行政程序综合性价值的最优选择。因此，在综合性评价程序的效能时，行政决定的准确性等其他价值可能就会因为时间成本的节约而在一定范围内被牺牲，而这种牺牲对于程序整体效能的提升来说确是必要的。

综上可见，行政程序的加速肇始于社会速度的整体提升，由于社会的加速，缓慢的行政程序不仅可能形成对当事人的权利宰制，而且也造成了程序的低效能。而行政程序的加速则不仅是对当事人主体地位的尊重，也更有利于程序工具正当性的改善。对于我国的行政法治发展来说，行政程序的加速是必要的，因为其有助于实现政府治理的现代化。根据治理现代化理论，法治是国家治理的基本方式，而法治要求立良法、行善治，良法的标准不仅蕴含价值的规范性，也是科学规律的表现。恰恰行政程序的加速既体现着程序对权力约束的公正性，也反映了公共管理规律的科学性。

在主流的行政法理论中，行政效能原则被认为是行政管理的主要原则，也因此被排斥在行政法的原则之外。然而，如果对行政程序背后的时间因素加以透视，可以发现行政效能原则不仅仅是对行政管理科学性的反映，也是对行政权力滥用的有效约束，具有传统的行政法学面向。正如沈岿教授所言，行政效能原则已经成为较为普遍的法律现象，在行政立法活动中，如何不断地挖掘加速潜能，改善行政效率成为规章与规范性文件是否科学以及是否符合改革需要的重要标准之一；在执法活动中，执法机关要遵守相关时限的要求，否则就会承担慢作为与不作为的责任；在司法活动中，行政效率原则在部分案件中已经成为衡量行政程序合理性的标准之一。[①] 对行政程序加速的法理的探析，也对行政效能原则在行政法学体系中的发展具有一定的积极意义。当然，本书对此仅仅是一个初步的探究，诸多更深层次的问题还有待更进一步的探索。

① 沈岿. 论行政法上的效能原则 [J]. 清华法学，2019（04）：13.

参考文献

著作文献：

[1] 何海波. 实质法治：寻求行政判决的合法性 [M]. 北京：法律出版社，2020.

[2] 周佑勇. 行政法基本原则研究（第二版）[M]. 北京：法律出版社，2019.

[3] 马宏俊. 法律文书学 [M]. 北京：中国人民大学出版社，2019.

[4] 孙茂利. 公安机关办理行政案件程序规定释义与实务指南 [M]. 北京：中国人民公安大学出版社，2019.

[5] 郑作彧. 社会的时间：形成、变迁与问题 [M]. 北京：社会科学文学出版社，2018.

[6] 杨冠琼. 国家治理体系与能力现代化研究 [M]. 北京：经济管理出版社，2018.

[7] 丁煌. 西方行政学说史（第三版）[M]. 武汉：武汉大学出版社，2017.

[8] 孙笑侠. 程序的法理 [M]. 北京：社会科学文献出版社，2017.

[9] 李军鹏. 公共管理学（第二版）[M]. 北京：首都经济贸易大学出版社，2017.

[10] 胡建淼. 行政法学（第四版）[M]. 北京：法律出版社，2015.

[11] 章剑生. 现代行政法基本原则理论 [M]. 北京：法律出版

社，2014.

［12］寿远景，王建．公安机关执法规范化建设研究［M］.北京：中国人民公安大学出版社，2013.

［13］陈瑞华．看得见的正义［M］.北京：北京大学出版社，2013.

［14］季卫东．法律程序的意义［M］.北京：中国法制出版社，2012.

［15］中共中央马克思恩格斯列宁斯大林著作编译局．马克思恩格斯选集（第2卷）［M］.北京：人民出版社，2012.

［16］中共中央文献研究室编．三中全会以来重要文献选编：上［M］.北京：中央文献出版社，2011.

［17］徐继敏．行政证据制度研究［M］.北京：中国法制出版社，2008.

［18］杨小君．行政诉讼问题研究与制度改革［M］.北京：中国人民公安大学出版社，2007.

［19］王锡锌．行政程序法理念与制度研究［M］.北京：中国民主法制出版社，2007.

［20］黄金麟．历史、身体、国家：近代中国的身体形成（1895—1937）［M］.台湾：新星出版社，2006.

［21］梅绍祖，［美］James T C Teng. 流程再造：理论、方法和技术［M］.北京：清华大学出版社，2004.

［22］汪永清．行政处罚法适用手册［M］.北京：中国方正出版社，1996.

［23］全国人大常委会法制工作委员会．《中华人民共和国行政处罚法》释义［M］.北京：法制出版社，1996.

［24］［德］哈特穆特·罗萨．新异化的诞生：社会加速批判理论大纲［M］.郑作彧，译．上海：上海人民出版社，2018.

［25］［美］理查德·A. 爱泼斯坦．私有财产、公共行政与法治［M］.刘连泰，译．浙江：浙江大学出版社，2018.

［26］［美］安东尼·唐斯．官僚制内幕［M］.郭小聪，译．北京：中国人民大学出版社，2017.

［27］［英］洛克．政府论（下）［M］．叶启芳，瞿菊农，译．北京：商务印书馆，2017.

［28］［美］艾伦·林德，汤姆·泰勒．程序正义的社会心理学［M］．冯健鹏，译．北京：法律出版社，2017.

［29］［美］理查德·B. 斯图尔特．美国行政法的重构［M］．沈岿，译．北京：商务印书馆，2016.

［30］［德］哈尔特穆特·罗萨．加速：现代社会中时间结构的改变［M］．董璐，译．北京：北京大学出版社，2015.

［31］［美］马尔科姆·M. 菲利．程序即是惩罚——基层刑事法院的案件处理［M］．魏晓娜，译．北京：中国政法大学出版社，2014.

［32］［美］戴维·H. 罗森布鲁姆，罗伯特·S. 克拉夫丘克，德博拉·戈德曼·罗森布鲁姆．公共行政学：管理、政治和法律的途径（第五版）［M］．张成福，等，译．北京：中国人民大学出版社，2013.

［33］［法］戴维·哈维．后现代的状况——对文化变迁之缘起的探究［M］．阎嘉，译．北京：商务印书馆，2013.

［34］［法］米歇尔·福柯．规训与惩罚［M］．刘北成，杨远婴，译．北京：三联书店，2012.

［35］［美］理查德·波斯纳．法律的经济分析（中文第二版）［M］．蒋兆康，译．北京：法律出版社，2012.

［36］［德］卡尔·马克思．资本论（第一卷）［M］．郭大力，王亚南，译．上海：上海三联书店，2011.

［37］［美］肯尼斯·卡普尔·戴维斯．裁量正义［M］．毕洪海，译．北京：商务印书馆，2009.

［38］［美］约翰·罗尔斯．正义论（修订版）［M］．何怀宏，何包钢，廖申白，译．北京：中国社会科学出版社，2009.

［39］［德］尼克拉斯·卢曼．社会的法律［M］．郑伊倩，译．北京：人民出版社，2009.

［40］［美］迈克尔·哈默，詹姆斯·钱皮．企业再造：企业革命的宣

言书［M］．王珊珊，等，译．上海：上海译文出版社，2007．

［41］［美］约翰·V.奥尔特．正当法律程序简史［M］．杨明成，陈霜铃，译．北京：商务印书馆，2006．

［42］［法］保罗·维利里奥．解放的速度［M］．陆元昶，译．江苏：江苏人民出版社，2004．

［43］［美］凯斯·R.桑斯坦．风险与理性：安全、法律及环境［M］．师帅，译．北京：中国政法大学出版社，2005．

［44］［美］杰瑞·L.马肖．行政国的正当程序［M］．沈岿，译．北京：高等教育出版社，2005．

［45］［美］迈克尔·D.贝勒斯．程序正义——向个人的分配［M］．邓海平，译．北京：高等教育出版社，2005．

［46］［美］戴维·奥斯本，彼得·普拉斯特里克．摒弃官僚制：政府再造的五项战略［M］．北京：中国人民大学出版社，2002．

［47］［法］邦雅曼·贡斯当．古代人的自由与现代人的自由［M］．阎克文，刘满贵，译．北京：商务印书馆，1999．

［48］［美］古德诺．政治与行政［M］．王元，杨百朋，译．北京：华夏出版社，1987．

［49］Joiowicz J A. Managing overload in appellate courts：western countries, in the Eighth world conference on procedure law：justice and efficiency［M］. Ed·by W·Wedehind：Kluwer, Law and Taxation Publishers, 1988.

［50］Kaplan M. The impact of social psychology on procedure justice［M］. Springfield, IL：Charles C. Thomas, 1986.

［51］Leung K. Cross-cultural study of procedural fairness and disputing behavior［M］. Unpublished Doctoral Dissertation, University of Illinois, 1985.

期刊文献：

［1］张文显．论中国式法治现代化新道路［J］．中国法学，2022（01）：1-27．

［2］北京市海淀区司法局课题组．行政执法"三项制度"的数字化发展探析［J］．中国司法，2021（11）：57-62.

［3］郭景晖，李文姝．公安机关行政案件快速办理程序实证研究［J］．河北公安警察职业学院学报，2021（03）：65-67，74.

［4］汪海燕．共同犯罪案件认罪认罚从宽程序问题研究［J］．法学，2021（08）：71-82.

［5］董少平，李晓东．治安调解的现实困境与机制优化［J］．中国人民公安大学学报（社会科学版），2021（04）：111-121.

［6］熊樟林．应受行政处罚行为模型论［J］．法律科学（西北政法大学学报），2021（05）：62-78.

［7］高一飞．时间的"形而下"之维：论现代法律中的时间要素［J］．交大法学，2021（03）：52-68.

［8］白冰．搜查、扣押同步录音录像制度的功能及其实现［J］．法学家，2021（04）：59-71，192.

［9］展鹏贺．数字化行政方式的权力正当性检视［J］．中国法学，2021（03）：114-138.

［10］宋华琳，郑琛．行政法上听取陈述和申辩程序的制度建构［J］．地方立法研究，2021（03）：52-68.

［11］丁志刚，李天云．制度优势转化为治理效能：深层逻辑与核心机制［J］．中共福建省委党校（福建行政学院）学报，2021（02）：59-70.

［12］牛仁敬．关于消防行政处罚快速办理模式的探索［J］．今日消防，2021（04）：138-139.

［13］马亮．四位一体的国家治理——制度优势何以转化为治理效能？［J］．广西师范大学学报（哲学社会科学版），2021（01）：1-12.

［14］李文姝．行政案件快速办理程序构造论［J］．人大法律评论，2020（01）：174-191.

［15］王理．公安行政案件快速办理刍议［J］．北京警察学院学报，2020（06）：14-18.

［16］张凌寒．算法自动化决策与行政正当程序制度的冲突与调和［J］．东方法学，2020（06）：4-17.

［17］刘金海．国家成长的要素、机制与格局——基于政治生态学角度的国家成长理论［J］．学术月刊，2020（09）：74-83.

［18］柴龙，宋晓辉，齐晓亮．《公安机关办理行政案件程序规定》修改决定的"快速办理"理解与适用分析［J］．河南司法警官职业学院学报，2020（03）：88-92.

［19］章志远．作为行政处罚总则的《行政处罚法》［J］．国家检察官学院学报，2020（05）：19-31.

［20］应松年，张晓莹．《行政处罚法》二十四年：回望与前瞻［J］．国家检察官学院学报，2020（05）：3-18.

［21］何超．浅议公安机关办理行政案件的快速办理程序［J］．辽宁警察学院学报，2020（05）：44-48.

［22］周佑勇．推进国家治理现代化的法治逻辑［J］．法商研究，2020（04）：3-17.

［23］曹鎏．论"基本法"定位下的我国《行政处罚法》修改——以2016年至2019年的行政处罚复议及应诉案件为视角［J］．政治与法律，2020（06）：28-40.

［24］燕继荣．制度、政策与效能：国家治理探源——兼论中国制度优势及效能转化［J］．政治学研究，2020（02）：2-13，124.

［25］梁桂英．公安机关快速办理行政案件若干问题法律解析［J］．山西警察学院学报，2020（02）：57-61.

［26］马颜昕．自动化行政方式下的行政处罚：挑战与回应［J］．政治与法律，2020（04）：139-148.

［27］江文路．从控制型政府管理到回应型政府治理——重塑民众政治信任差序格局的改革探索［J］．党政研究，2020（02）：90-99.

［28］庞明礼．国家治理效能的实现机制：一个政策过程的分析视角［J］．探索，2020（01）：2，89-97.

［29］熊樟林．行政处罚上的"法盲"及其规范化［J］．华东政法大学学报，2020（01）：123-135.

［30］孙子佳，苏咸瑞．行政案件快速办理的践与思［J］．行政与法，2020（01）：103-108.

［31］吕普生．我国制度优势转化为国家治理效能的理论逻辑与有效路径分析［J］．新疆师范大学学报（哲学社会科学版），2020（03）：2，18-33.

［32］欧元军，何剑．论公安案件法制审核制度的功能定位［J］．公安学研究，2019（06）：1-21，121.

［33］宋世明．推进国家治理体系和治理能力现代化的理论框架［J］．中共中央党校（国家行政学院）学报，2019（06）：5-13.

［34］马俊峰，马乔恩．"社会加速"与"美好生活"之间的张力与超越——基于马克思主义资本批判逻辑的分析［J］．南京大学学报（哲学·人文科学·社会科学），2019（06）：14-22.

［35］苏秋月，李春华．行政案件快速办理程序在实践中的应用与反思——以"速裁App"的推广使用为切入点［J］．贵州警察学院学报，2019（06）：93-99.

［36］麻宝斌．制度执行力：提升治理效能的关键所在［J］．国家治理，2019（41）：31-34.

［37］刘翼．治安案件快速办理机制探析［J］．湖南警察学院学报，2019（05）：75-80.

［38］苏艺．论行政案件快速办理程序的构建——以《行政处罚法》的修改为契机［J］．行政法学研究，2019（05）：73-84.

［39］姚晓君．公安派出所民警的工作压力与职业倦怠的相关分析［J］．湖南警察学院学报，2019（04）：115-121.

［40］沈岿．论行政法上的效能原则［J］．清华法学，2019（04）：5-25.

［41］宋华琳．行政调查程序的法治建构［J］．吉林大学社会科学学报，2019（03）：139-149，234.

［42］胡敏洁．自动化行政的法律控制［J］．行政法学研究，2019（02）：56-66.

［43］沈福俊，崔梦豪．行政处罚处理期限制度的反思与完善——以潘龙泉诉新沂市公安局治安行政处罚案为切入点［J］．北京行政学院学报，2019（02）：83-91.

［44］张康之．论社会运行和社会变化加速化中的管理［J］．管理世界，2019（02）：102-114.

［45］严锋．快速办理：简约而不简单——适用快速办理应该注意的问题［J］．派出所工作，2019（02）：27-30.

［46］欧元军，陆维福．食品药品行政处罚案件法制审核实证研究［J］．安徽医药，2019（01）：180-185.

［47］郑作彧．生命时间的结构性［J］．华中科技大学学报（社会科学版），2018（05）：99-106.

［48］马怀德．新时代法治政府建设的意义与要求［J］．中国高校社会科学，2018（05）：4-18，157.

［49］马长山．人工智能的社会风险及其法律规制［J］．法律科学（西北政法大学学报），2018（06）：47-55.

［50］邵新．司法体制改革背景下繁简分流的法理论证［J］．法治现代化研究，2018（04）：115-135.

［51］汪海燕．印证：经验法则、证据规则与证明模式［J］．当代法学，2018（04）：23-33.

［52］李军鹏．十九大后深化放管服改革的目标、任务与对策［J］．行政论坛，2018（02）：11-16.

［53］周依茜．治安行政案件办理中规范化问题实证探析［J］．湖南警察学院学报，2017（06）：27-32.

［54］杨东升，韦宝平．重大行政执法决定法制审核制度论纲［J］．湖北社会科学，2017（07）：153-159.

［55］丁元竹．治理现代化呼唤政府治理理论创新［J］．国家行政学

院学报，2017（03）：37-42，129.

[56] 孙亮.资本逻辑视域中的"速度"概念——对罗萨"社会加速批判理论"的考察 [J].哲学动态，2016（12）：16-22.

[57] 熊秋红.认罪认罚从宽的理论审视与制度完善 [J].法学，2016（10）：97-110.

[58] 胡仕浩，刘树德，罗灿.《关于进一步推进案件繁简分流优化司法资源配置的若干意见》的理解与适用 [J].人民司法（应用），2016（28）：23-29.

[59] 王嘉玲.同步录音录像条件下的"单警询（讯）问"试点改革 [J].江西警察学院学报，2016（05）：41-45.

[60] 马雪松.结构、资源、主体：基本公共服务协同治理 [J].中国行政管理，2016（07）：52-56.

[61] 梁卫，陈光晨.关于执法记录仪在交警日常工作中的应用思考——以青岛交警执法记录仪信息管理系统为视角 [J].电子世界，2016（10）：58-59.

[62] 陈卫东.认罪认罚从宽制度研究 [J].中国法学，2016（02）：48-64.

[63] 左卫民."印证"证明模式反思与重塑：基于中国刑事错案的反思 [J].中国法学，2016（01）：162-176.

[64] 罗许生.论行政法的便宜原则 [J].福建行政学院学报，2016（01）：32-41.

[65] 赵旭辉."警力无增长改善论"溯源、比较和启示 [J].铁道警察学院学报，2015（05）：96-102.

[66] 毕洪海.普通法国家的行政程序正义进路 [J].政治与法律，2015（06）：29-40.

[67] 林婷."政府治理能力现代化"内涵解析 [J].厦门理工学院学报，2015（02）：94-99.

[68] 刘权.作为规制工具的成本收益分析——以美国的理论与实践

为例 [J]. 行政法学研究, 2015 (01): 135-144.

[69] 罗平汉, 方涛. 从"四个现代化"到"第五个现代化"——中国共产党现代化思想的演进轨迹 [J]. 探索, 2014 (05): 36-40.

[70] 解源源, 史全增. 基层公安机关警力不足的类型化分析及改革路径 [J]. 中国人民公安大学学报(社会科学版), 2014 (04): 37-43.

[71] 张文显. 法治与国家治理现代化 [J]. 中国法学, 2014 (04): 5-27.

[72] 郑作彧. 社会速度研究: 当代主要理论轴线 [J]. 国外社会科学, 2014 (03): 108-118.

[73] 石肖雪. 行政处罚听证程序适用范围的发展——以法规范与案例的互动为中心 [J]. 华东政法大学学报, 2013 (06): 57-70.

[74] 冯健鹏. 论我国宪法基本权利的程序保障——一种宪法解释的可能性 [J]. 浙江学刊, 2013 (06): 169-176.

[75] 周雪光. 国家治理规模及其负荷成本的思考 [J]. 吉林大学社会科学学报, 2013 (01): 5-8.

[76] 张品. 社会学时间研究初探 [J]. 理论与现代化, 2012 (04): 49-53.

[77] 缪国书, 许慧慧. 公务员职业倦怠现象探析——基于双因素理论的视角 [J]. 中国行政管理, 2012 (05): 61-64.

[78] 沈德咏, 何艳芳. 论全程录音录像制度的科学构建 [J]. 法律科学(西北政法大学学报), 2012 (02): 141-148.

[79] 陈瑞华. 论证据相互印证规则 [J]. 法商研究, 2012 (01): 112-123.

[80] 田秀然, 于学忠. 人民警察合法权益保障问题的调查与分析 [J]. 当代法学, 2011 (06): 153-157.

[81] 叶剑波, 段水莲. 公安民警压力源调查与疏导 [J]. 湖南警察学院学报, 2011 (02): 136-140.

[82] 曹力伟. 警力"无增长改善"途径探析 [J]. 公安研究, 2011

（03）：87-92.

　　[83] 宋华琳. 当场行政处罚中的证明标准及法律适用——"廖宗荣诉重庆市公安局交通管理局第二支队道路交通管理行政处罚决定案"评析 [J]. 交大法学，2010（01）：257-271.

　　[84] 张淑芳. 论行政简易程序 [J]. 华东政法大学学报，2010（02）：16-25.

　　[85] 李玉鹏. 论全程同步录音录像代替笔录固定口供 [J]. 证据科学，2009（05）：620-628.

　　[86] 卢坤建. 回应型政府：理论基础、内涵与特征 [J]. 学术研究，2009（07）：66-70，138.

　　[87] 孟昭阳. 治安调解存在的问题与制度完善 [J]. 中国人民公安大学学报（社会科学版），2009（01）：51-60.

　　[88] 黄新春. 论警力资源的科学配置与使用 [J]. 公安研究，2009（02）：64-74.

　　[89] 毛立华. 程序类型化理论：简易程序设置的理论根源 [J]. 法学家，2008（01）：140-145.

　　[90] 赵豪迈. 电子政务对传统政府业务流程的改善和政府业务流程再造 [J]. 电子政务，2007（06）：43-54.

　　[91] 王成栋. 论行政法的效率原则 [J]. 行政法学研究，2006（02）：24-28，126.

　　[92] 马登科. 论民事简易程序的基本法理 [J]. 西南民族大学学报（人文社会科学版），2006（01）：116-121.

　　[93] 华乃强. 基层公安民警休息权益保护与科学用警 [J]. 公安学刊. 浙江公安高等专科学校学报，2005（06）：5-8.

　　[94] 赵延东. 风险社会与风险治理 [J]. 中国科技论坛，2004（04）：121-125.

　　[95] 周佑勇. 行政法的正当程序原则 [J]. 中国社会科学，2004（04）：115-124.

［96］李哲．刑事程序公开论［J］．甘肃政法学院学报，2004（02）：83-87.

［97］章剑生．论行政相对人在行政程序中的参与权［J］．公法研究，2004（00）：53-66.

［98］张小蒂，王焕祥．制度竞争：从比较优势到竞争优势［J］．学术月刊，2003（09）：17-24.

［99］理查德·斯图尔特，田雷．走入 21 世纪的美国行政法［J］．南京大学法律评论，2003（02）：1-20.

［100］傅郁林．繁简分流与程序保障［J］．法学研究，2003（01）：50-63.

［101］苏彩霞．累犯从严根据之考察［J］．云南大学学报（法学版），2002（03）：36-39.

［102］乌尔里希·贝克，郗卫东．风险社会再思考［J］．马克思主义与现实，2002（04）：46-51.

［103］王锡锌．正当法律程序与"最低限度的公正"——基于行政程序角度之考察［J］．法学评论，2002（02）：23-29.

［104］章剑生．论行政程序法上的行政公开原则［J］．浙江大学学报（人文社会科学版），2000（06）：100-106.

［105］陈瑞华．走向综合性程序价值理论——贝勒斯程序正义理论述评［J］．中国社会科学，1999（06）：120-131.

［106］陈瑞华．通过法律实现程序正义——萨默斯"程序价值"理论评析［J］．北大法律评论，1998（01）：181-204.

［107］马怀德．论听证程序的适用范围［J］．中外法学，1998（02）：9-17.

［108］陈卫东，李洪江．正当程序的简易化与简易程序的正当化［J］．法学研究，1998（02）：102-110.

［109］应松年．规范行政处罚的基本法律［J］．政法论坛，1996（02）：1-5，9.

［110］刘作翔．公平：法律追求的永恒价值——法与公平研究论纲［J］．天津社会科学，1995（05）：99-104．

［111］Super D A. Against flexibility［J］. Social Ence Electronic Publishing，2011，96：1375-1467.

［112］Bies R J，Shapiro，D L. Interaction fairness judgments：the influnce of causal accounts［J］. Social Justice Research，1987，1：199-218.

［113］Damaska M. Presentatiaon of evidence and factfinding precision［J］. University of Pennsylvania Law Review，1975，123：1083-1106.

［114］GREENBERG J. Using diaries to promote procedural justice in performance appraisals［J］. Social Justice Research，1987，1：219-234.

［115］Houlden，P. Plea barganing［J］. Law & Society Review，1980，15：267-291.

［116］Summers R S. Evaluating and improving legal processes A plea for process values［J］. Cornell l Rev，1974，1：1-53.

报纸文献：

［1］中共中央关于制定国民经济和社会发展第十四个五年规划和二〇三五年远景目标的建议［N］．人民日报，2020-11-04（001）．

［2］中共中央关于坚持和完善中国特色社会主义制度　推进国家治理体系和治理能力现代化若干重大问题的决定［N］．人民日报，2019-11-06（001）．

［3］姚钰明．关于大力推进行政案件快速办理机制建设　为基层减负增效的思考［N］．嘉兴日报，2019-09-01（003）．

［4］习近平．在庆祝澳门回归祖国15周年大会暨澳门特别行政区第四届政府就职典礼上的讲话［N］．人民日报，2014-12-21（002）．

［5］习近平．切实把思想统一到党的十八届三中全会精神上来［N］．人民日报，2014-01-01（002）．

网络文献：

[1] 最高人民法院、最高人民检察院关于刑事案件速裁程序试点情况的中期报告 [J/OL]．（2015-11-03）[2020-07-03]．http：//www. npc. gov. cn/npc/xinwen/2015-11/03/content_1949929. htm.

[2] 习近平在中央政法工作会议上强调　全面深入做好新时代政法各项工作　促进社会公平正义保障人民安居乐业 [J/OL]．（2019-01-17）[2020-07-03]．https：//tv. chinacourt. org/33727. html.

学位论文：

[1] 陈诚．警察工作时间管理 [D]．北京：中国人民公安大学，2019.
[2] 黄达钊．公安派出所破案率的影响因素及其提升策略 [D]．吉林：吉林大学，2017.